2024

9·7급 공무원시험 대비

유길준 교육학 동형 모의고사

유길준 편저

차원이 다른 유길준 교수님의 수험전략

커넥츠 공단기 gong.conects.com

멘토링

Contents

제 1회 동형모의고사 • 6   제 1회 정답 및 해설 • 76

제 2회 동형모의고사 • 10   제 2회 정답 및 해설 • 79

제 3회 동형모의고사 • 14   제 3회 정답 및 해설 • 81

제 4회 동형모의고사 • 18   제 4회 정답 및 해설 • 83

제 5회 동형모의고사 • 22   제 5회 정답 및 해설 • 86

제 6회 동형모의고사 • 27   제 6회 정답 및 해설 • 89

제 7회 동형모의고사 • 32   제 7회 정답 및 해설 • 92

제 8회 동형모의고사 • 36   제 8회 정답 및 해설 • 95

제 9회 동형모의고사 • 40   제 9회 정답 및 해설 • 97

제10회 동형모의고사 • 44   제10회 정답 및 해설 • 99

제11회 동형모의고사 • 49   제11회 정답 및 해설 • 102

제12회 동형모의고사 • 53   제12회 정답 및 해설 • 104

제13회 동형모의고사 • 57   제13회 정답 및 해설 • 106

제14회 동형모의고사 • 61   제14회 정답 및 해설 • 108

제15회 동형모의고사 • 65   제15회 정답 및 해설 • 110

제16회 동형모의고사 • 70   제16회 정답 및 해설 • 112

유길준 교육학
동형모의고사

유길준 교육학 **동형모의고사**

문제편
1회~16회

01 유길준 교육학 동형모의고사

01

다음과 같은 이유로 강조되어야 할 교육행정의 원리는?

> 교육은 장기적·범국민적인 사업이며 개인의 능력을 최대로 계발하고 국가사회의 이상을 구현하려는 일대 공기업 때문이다.

① 민주성의 원리　② 안정성의 원리
③ 전문성의 원리　④ 자주성 존중의 원리

02

지능에 관한 학자들의 업적을 바르게 설명한 것은?

① 비네(A. Binet)는 세계 최초로 지능검사에 지능지수(IQ)를 도입하였다.
② 웩슬러(D. Wechsler)는 정신연령에 기초하여 지능지수(IQ)를 산출하였다.
③ 스턴버그(R. Sternberg)는 분석력 창의력 등을 포함하는 성공지능이론을 제안하였다.
④ 가드너(H. Gardner)는 창의성의 지적 능력에 해당하는 확산적 사고를 지능의 요인에 추가하였다.

03

다음과 같은 조직적 특성을 지닌 학교는?

> ○ 학교의 존립이 법적으로 보장되어 있다.
> ○ 학교는 학생을 배정받지 않으면 안 된다.
> ○ '온상조직'으로서 '야생조직'보다 비생산적이다.

① 대학교
② 국·공립의 의무교육기관
③ 유아원 및 유치원
④ 비평준화 지역의 고등학교

04

뒤르껭(E. Durkheim)이 주장하는 학교의 교육과정에 대한 설명으로 가장 옳은 것은?

① 문화유산을 전달하는 과정으로 보고 있다.
② 체계적인 학문을 탐구하는 과정으로 보고 있다.
③ 교육전문가들의 합의에 의해 결정된다고 보고 있다.
④ 산업사회의 특수한 소양을 쌓기 위한 과정으로 보고 있다.

05

상담 교사는 다음에 제시된 아동의 반응을 '자동적 사고'로 해석하고, 아동의 판단오류(과잉 일반화, 임의 추론) 등을 중심으로 아동과 상담하였다. 상담 교사가 취한 상담 방법은 어떤 이론에 근거한 것인가?

> 애들이 모두 저를 따돌려요. 오늘은 교문에서 철수가 저를 못 본 체하고 가버렸어요. 애들이 저를 왕따 시키는 것 같아요.

① 심리 교류분석　② 형태주의 상담
③ 인지치료 상담　④ 현실치료 상담

06

구성주의에 입각한 교사의 교수 활동으로 적절하지 못한 것은?

① 학생 입장에서 중요하고 의미 있는 과제를 제시한다.
② 목표를 달성할 수 있는 최적의 방법을 분명하게 제시한다.
③ 학생들이 토론을 통해 서로의 학습에 기여할 수 있도록 한다.
④ 학생들이 알고 있는 지식을 최대한 활용하도록 장려한다.

07

서양의 실학사상가 코메니우스(Comenus)의 교육론으로 옳지 않은 것은?

① 교수법의 관점으로 주관적 자연주의를 채택하였다.
② 인간교육의 단계로 4단계 단선학제를 제시하였다.
③ 범지론을 주장하여 광범위한 교육내용을 제시하였다.
④ 교육목표로 올바른 지식과 도덕, 경건한 신앙을 제시하였다.

08

20세기 후반에 유행했던 서양의 교육철학 사조에 대한 설명으로 옳은 것은?

① 분석주의 교육철학은 교육의 인간성회복을 강조하였다.
② 비판주의 교육철학은 직업교육이나 기술교육을 강조하였다.
③ 실존주의 교육철학은 교육의 과학화 운동을 비판하였다.
④ 인본주의 교육철학은 일반교육과 전문교육을 절충하였다.

09

우리나라 현행 평생교육 제도에 해당하지 않은 것은?

① 직장인 학습 휴가제
② 학습계좌제
③ 평생교육이용권
④ 국민내일배움카드

10

2022년 개정교육과정에 대한 설명으로 옳지 않은 것은?

① 학습의 디지털 기초소양을 갖추도록 하였다.
② 학습에 있어서 메타능력의 배양을 강조하였다.
③ 교수-학습 방법으로 학생참여형 수업을 강조하였다.
④ 평가에 있어서 평가 도구의 예언타당성을 강조하였다.

11

현행 「지방교육재정교부금」 제도에 대한 설명으로 옳지 않은 것은?

① 지방교육재정교부금의 목적은 지방교육의 균형 있는 발전을 도모함에 있다.
② 특별교부금의 사용에 대해서는 조건을 붙이거나 용도를 제한할 수 있다.
③ 지방교육재정교부금의 재원은 내국세 총액의 20.27% 해당액과 국세로서 교육세입 전액을 합한 금액이다.
④ 특별교부금은 지방교육행정 및 지방교육재정의 운용실적이 우수한 지방자치단체에 대한 재정지원이 필요할 때도 교부한다.

12

스터플빔(D. Stufflebeam)의 경영적 평가 모형(CIPP)에 대한 설명으로 옳은 것은?

① 교육목표와 학습의 결과간의 논리적인 일관성을 유지할 수 있다.
② 평가를 하나의 교육연구의 수행과정으로 취급하는 평가 체제 이다.
③ 인지영역 뿐만 아니라 정의적 영역에 대한 평가도 효과적으로 할 수 있다.
④ 목표위주에 평가에서 벗어나 학습결과를 종합적으로 평가하는 방식이다.

13

가네(R. Gagné)가 제시한 인간의 학습된 능력과 그에 해당하는 사례가 적절하게 연결되지 못한 것은?

① 언어 정보 - 중학생인 철수는 삼각형의 넓이를 구하는 공식을 회상하여 진술할 수 있다.
② 지적 기능 - 초등학생인 민수는 부모님에 대한 고마움을 적절한 비유법에 맞게 글로 표현할 수 있다.
③ 지적 전략 - 고등학생인 나래는 가족 나들이 중 차 안에서 가족 모두 참여할 수 있는 게임을 창안해 낼 수 있다.
④ 태   도 - 학령 전 아동인 수진이는 연필을 사용하여 낱글자 쓰기를 포함하여 특정한 종류의 그리기를 할 수 있다.

14

신행동주의자 톨만(E C. Tolman)의 기호-형태설(Sign Gestalt Theory)에 관해 바르게 기술한 것은?

① 기호-형태설은 행동주의적 관점에서 인간의 학습이 수동적인 상태로 일어난다.
② 인간의 행동은 인간의 목적에 따라 조절되거나 기대나 의미에 관련되어있다.
③ 인간의 행동은 부분적이고 미시적으로 이해되어야 한다고 전제하고 있다.
④ 보상의 개념이 학습변인으로 역할을 한다는 것을 인정하고 있다.

15

현행 「학교폭력 대책 심의 위원회」에 대한 설명으로 옳지 않은 것은?

① 학교내외의 폭력에 대한 심의기구로 각급학교에 설치하고 있다.
② 심의위원회는 10명 이상 50명 이내의 위원으로 구성하도록 하고 있다.
③ 학교폭력의 예방 및 대책 , 피해학생의 보호. 가해학생에 대한 교육, 선도 및 징계, 피해학생과 가해학생 간의 분쟁조정을 심의 한다.
④ 심의위원회는 해당 지역에서 발생한 학교폭력에 대하여 조사할 수 있고 학교장 및 관할 경찰서장에게 관련 자료를 요청할 수 있다.

16

조선시대 서당(書堂)의 교육적 특징을 설명한 것으로 가장 옳은 것은?

① 입학 자격은 신분 제한이 없었으나 천인, 노비는 입학이 제한되었다.
② 교과목은 천자문(千字文), 동몽선습(童蒙先習), 소학(小學) 등을 배웠다.
③ 교육방법은 강의식방법과 암기방법이 주된 방법이고 놀이를 활용하였다.
④ 향촌사회에 생활근거를 둔 일반 백성(상민)이 주체가 되어 설립되었다.

17

실제 학습 활동을 교육과정의 중요한 개념적 요소로 생각하는 교육과정의 정의 관점은?

① 교육경험을 통한 개개인의 의미형성이다.
② 교육과정은 교과 혹은 교과목에 담긴 내용이다.
③ 교육과정은 교육활동을 위한 문서화된 계획이다.
④ 교육과정은 학교의 지도 아래 학생이 겪는 경험이다.

18

다음 중에서 협동학습(Cooperation Learning)에 대한 기본적인 전제를 바르게 설명한 것은?

① 누구나 동등한 집단구성원으로 참여한다.
② 집단의 모든 학생이 동일한 평가를 받는다.
③ 주로 한 학생이 리더로 지정되고 책임을 지게 된다.
④ 집단의 구성은 동질적인 경우로 하는 경우가 많다.

19

토머스(K.W. Thomas)는 갈등관리방식은 상황에 따라 효과적으로 적용할 수 있다고 주장하였다. 다음과 같은 상황에 적합한 갈등관리 방식은?

> ○ 주장하면서 협력하는 문제해결 접근방식이다.
> ○ 갈등 당사자들 각자가 모두 목적을 달성할 수 있도록 하는 행동이다.
> ○ 서로의 차이점을 확인하고 정보를 서로 공유한다.

① 회피　　② 협력
③ 타협　　④ 경쟁

20

다음 중에서 학교조직의 특징을 설명한 것으로 옳은 것은?

① 학교장은 교사들을 관료적 조직처럼 철저히 통제할 수 있다.
② 체제접근적인 경영이론을 완벽하게 적용시킬 수 있는 조직이다.
③ 학교는 도덕성, 직업윤리와 규범적 논리가 통제기제의 핵심이다.
④ 학교는 도덕적 규범이 엄격하고 규칙적인 문화를 지니고 있다.

유길준 교육학 동형모의고사

01
헌법 31조의 교육에 관해 규정되어 있지 않은 사항은?

① 의무교육 ② 무상교육
③ 평생교육 ④ 교육이념

02
콜버그(Kohlberg)의 도덕성 발달이론에 대한 비판으로 옳지 않은 것은?

① 도덕적 추론에서 문화적 차이를 지나치게 강조하고 있다.
② 지나치게 남성 편향적인 도덕성 발달이론을 전개하고 있다.
③ 6단계는 특별히 훈련받지 않은 사람을 추론하기 쉽지 않다.
④ 사회적인 인습과 도덕적 관점을 차이가 있는 점을 간과하였다.

03
교원단체 및 교원노동조합에 관련된 법규에 대한 설명으로 옳지 않은 것은?

① 교원단체는 교원의 전문성 신장과 지위 향상을 위해 교섭·협의할 수 있다.
② 교원은 경제적·사회적 지위향상을 위해 지방자치단체와 중앙에 교원단체를 조직할 수 있다.
③ 교원노동조합은 단체 결성권, 단체협상권, 노동쟁의권을 법으로 보장받고 있다.
④ 교원노동조합은 조합원의 경제적·사회적 지위 향상에 관한 사항을 교섭할 수 있다.

04
갈등론적 관점에서 학교교육을 설명한 것으로 적절하지 않은 것은?

① 학교는 계급적 사회체제를 유지하기위한 의식조정 장치이다.
② 학교는 사회생활에 필요한 보편적 가치를 어린 세대에게 가르친다.
③ 학교 시험은 지배적 문화와 가치관을 주입시키는 도구이다.
④ 학교는 자본주의 사회의 생산관계를 재생산하는데 기여한다.

05
심리측정학적 관점에서 지능을 연구해온 학자들과 그 견해가 바르게 연결된 것은?

① 서스톤(L. Thurstone) – 특수 요인의 측면에서 기본정신능력(PMA)을 제안하였다.
② 손다이크(E. Thorndike) – 지능의 일반요인을 인정하고 형식도야설을 지지하였다.
③ 카텔(R. Cattell) – 지능의 일반요인을 유동성지능과 결정성 지능으로 나누어 제시하였다.
④ 길포드(J. Guilford) – 9가지 지능요인을 제시하고 이들의 동등성, 독립성, 문화성을 강조하였다.

06

다음의 내용과 관련된 수업방법은?

> ○ 문제를 실제적이고 구체적으로 해결한다.
> ○ 문제는 학습자 자신이 목적을 가지고 계획에 의하여 선택되고 수정된다.
> ○ 문제 해결을 위하여 물질적 자료가 사용된다.
> ○ 킬패트릭(W. H. Kilpatrick)에 의해 고안되었다.

① 문답법　　　　② 구안법
③ 문제해결법　　④ 발견학습법

07

그리스의 사상가 소크라테스(Socrates)의 교육사상과 관련이 없는 것은?

① 목적론적 세계관 추구
② 절대적 보편진리 추구
③ 교육방법으로 대화법 강조
④ 논리적 철학이 아닌 윤리적 철학 추구

08

고구려의 경당(扃堂)에 대한 설명으로 옳지 않은 것은?

① 평양천도이후 지방에 설립된 일반화된 교육기관이었다.
② 입학대상은 지방의 귀족자제와 서민의 미혼 자제들 있었다.
③ 교육의 내용은 통경습사(通經習射)하는 문무 일치 교육이었다.
④ 생활 속에서 이루어지는 비형식적 교육의 형태로 초등·중등수준이었다.

09

평생교육에 대한 랑그랑(P. Lengrand)의 견해와 가장 부합하는 것은?

① 사회적 인재를 선발하고 배치한다.
② 사회문화의 정수를 뽑아 전수한다.
③ 전문교육을 제외한 일반교양교육이다.
④ 사회 전체 교육의 통합을 강조한다.

10

교육과정 개발에 있어서 다음과 절차와 방법론적 특징을 강조한 학자는?

> 교육과정의 모형을 「상황분석↔목표설정↔프로그램구성↔해설과 실행↔조정, 피드백, 평가 재구성」의 역동적인 모형을 제시하고, 교육과정의 개발에 있어서 상황을 분석하여 상황에 기초한 교육과정을 개발해야 한다.

① 보비트(F. Bobbitt)　② 스킬벡(M. Skilbeck)
③ 파이너(W. Pinar)　　④ 워커(D. Walker)

11

칼슨(R. Carlson)의 봉사 조직 가운데 '사육조직'으로서 학교조직의 특징이 바르게 제시된 것은?

① 사회변화에 민감하게 대응하는 개방체제이다.
② 고객확보를 위해 치열한 경쟁을 하는 조직이다.
③ 조직의 생존권이 법으로 보장되어 있는 조직이다.
④ 구성원들의 자생적 동기가 비교적 높은 조직이다.

12

어떤 학급에서 학생들의 수학과 중간고사 시험점수가 평균 60점이고 표준편차 10점인 정상분포를 나타낼 때, 다음 중 성적이 가장 높은 학생의 점수는?

① 원점수 80
② T점수 60
③ Z점수 1
④ 백분위 90

13

인지적 도제(cognitive apprenticeship) 수업에서 활용되는 수업전략과 가장 거리가 먼 것은?

① 인코딩(encoding)
② 코칭(coaching)
③ 시범(modeling)
④ 반성적 사고(reflection)

14

다음 내용이 설명하는 것은?

> 담임교사가 수업 시간에 질문을 한 철수에게 칭찬을 했더니 철수는 수업 시간에 질문을 더 많이 하게 되었다.

① 부적 강화
② 정적 강화
③ 수여성 벌
④ 프레맥 강화

15

「초·중등 교육법 및 시행령」에 규정된 학생 징계에 대한 설명으로 옳지 않은 것은?

① 의무교육단계의 학생은 퇴학 처분할 수 없다.
② 퇴학처분을 받은 학생은 재심청구를 할 수 있다.
③ 학교장은 교육상 필요하다고 생각할 때 전학처분을 할 수 있다.
④ 학교장은 학생의 인격이 존중되는 교육적인 방법으로 징계해야 한다.

16

진보주의(Progressivism) 교육사상에서 강조하는 교육의 원리를 설명한 것으로 옳은 것은?

① 교육은 가르칠 내용을 위주로 전개하는 것이 바람직하다.
② 교육의 목적, 교육의 형태 등의 유연성의 원리를 강조한다.
③ 교육내용의 조직의 원리로 논리적 원칙을 준수하여야 한다.
④ 문제해결은 간단하게 한 번에 끝낼 수 있도록 계획하여야 한다.

17

형성평가의 특징을 제시한 것으로 옳은 것은?

① 수업과정 학습의 진단과 교정 기능을 지닌다.
② 학습자의 외발적 동기에 의존하는 평가이다.
③ 전문가들이 제작한 표준화 검사를 활용한다.
④ 포괄적이고 거시적인 개념사항을 주로 다룬다.

18

비고츠키(L. Vygotsky)가 제안한 근접발달 영역(ZPD)의 교육적 의미를 바르게 제시한 것은?

① 학생이 스스로의 힘으로 발견할 수 있는 환경을 배치해야 한다.
② 교사와 학생은 초보-전문가형태의 협동적 환경이 가능해야 한다.
③ 학습과제는 학습자의 지적 발달수준에 맞는 과제를 제시해야만 한다.
④ 학습자는 초보자이므로 교사가 주도적 학습을 이끌어 가야만 한다.

19

다음과 같은 문제를 지닌 사람에게 적용될 수 있는 가장 적절한 상담기법은?

> 이 사람은 평소에 근심거리가 많은 사람이다. 그런데 최근 어떤 일간지에 실린 지구 쪽으로 다가오는 수없이 많은 혜성이나 소행성에 관한 기사를 보게 되었는데 소행성이나 혜성의 일부가 지구와 충돌하여 엄청난 재앙을 일으킬 수 있다는 기사였다. 그 후 이 사람은 그 일이 실제로 생길지도 모른 다고 여기고 그의 모든 생활을 정리하고 자기의 모든 시간을 지구 멸망에 대한 생각에 골몰하게 되었다.

① 체계적 둔감법
② 실존주의 상담 기법
③ 합리적·정서적·행동적 기법
④ 개인구념 상담 기법

20

다음의 설명을 포괄하고 있는 학교경영 관리기법은?

> ○ 드러커(P. Drucker)가 소개하고, 오디온(G. Odiorne)이 체계화 하였다.
> ○ 조직 구성원의 전체적인 참여와 합의를 중시한다.
> ○ 활동의 과정과 결과에 대해 평가하며 수시로 피드백 과정을 거친다.
> ○ 학교운영의 분권화와 참여를 통해 관료화를 방지할 수 있다.

① 델파이기법(Delphi Techique)
② 목표관리법(Management by Objectives)
③ 비용-수익분석법(Cost-Benefit Analysis)
④ 영기준예산제(Zero-Base Budgeting System)

03 유길준 교육학 동형모의고사

01

다음과 같은 「교육기본법」의 내용에 부합하는 교육행정의 원리는?

> ○ 국가는 교육여건 개선을 위한 학급당 적정 학생 수를 정하고 지방자치단체와 이를 실현하기 위한 시책을 수립·실시하여야 한다.
> ○ 모든 국민은 성별, 종교, 신념, 사회적 신분, 경제적 지위 또는 신체적 조건 등을 이유로 교육에 있어서 차별을 받지 아니한다.

① 법치행정의 원리 ② 민주성의 원리
③ 지방 분권의 원리 ④ 기회균등의 원리

02

학습활동의 동기를 유발하기 위한 방법으로 적절하지 못한 것은?

① 학습과제는 쉬운 과제에서 점차 어려운 과제로 제시한다.
② 학습자들에게 친밀한 인물이나 그림, 예문을 활용한다.
③ 동기를 적절히 유발하기 위해 각성수준을 최대한 높인다.
④ 흥미를 유발하고 호기심을 자극할 수 있는 과제를 구성한다.

03

현행 '지방교육자치제도'에 대한 설명으로 옳은 것은?

① 교육감은 교육규칙을 제정한다.
② 시·도와 시·군·구에 교육위원회를 둔다.
③ 교육감은 시·도 교육예산안 및 결산을 최종심의·의결한다.
④ 교육감은 교육 또는 교육행정 경력이 5년 이상 있는 자이어야 한다.

04

다음의 내용과 가장 가까운 교육의 사회적 기능은?

> ○ 학교에서는 사회 구성원들의 지역 계층 및 인종 사이의 문화적 차이를 극복하기 위한 공통 교육과정을 운영한다.
> ○ 학교는 서로 다른 계층의 아이들이 서로의 다른 문화적 차이를 인식하고 이를 통해 공동체 의식을 형성한다.

① 사회선발 ② 사회통합
③ 사회충원 ④ 문화전승

05

스텐버그(R. Sternberg)의 삼원 지능이론의 연구의 관심사를 가장 잘 나타내고 있는 것은?

① 단일차원의 지능구조를 다차원을 전환시키는데 있다.
② 인간이 지닐 수 있는 다양한 지적능력에 관심을 집중한다.
③ 인간의 지적능력은 투입, 처리, 산출의 정보처리 과정을 강조하다.
④ 모든 사람에게 공통으로 나타나는 지적과정과 요소에 관심을 집중한다.

06

다음의 교수-학습 방법에서 강조하는 교사의 역할과 가장 거리가 먼 것은?

> ○ 펠린사(A. Palincsar)와 브라운(A. Brow)이 독해력 지도를 위해 제안하였다.
> ○ 교사는 독해력을 지도할 때 질문하기, 요약하기, 명료하기, 예견하기의 4가지 인지전략을 사용한다.
> ○ 리더 역할은 경우에 따라 교사나 학생이 모두 수행할 수 있다.

① 수업의 처음 단계와 마지막 단계를 교사가 통제한다.
② 학생에게 현재 수준에 맞는 피드백과 조건을 제공한다.
③ 학생이 능동적으로 지식을 구성하도록 교사가 격려한다.
④ 도입 단계에서 교사는 학생에게 인지전략을 설명하고 시범을 보인다.

07

그리스의 사상가 플라톤(Platon)의 교육사상과 관련이 없는 것은?

① 능력에 따른 사회선발
② 남녀 평등교육 주장
③ 계층 평등적 교육주장
④ 체계적인 공교육제도

08

고려시대 교육제도의 특징에 대한 설명으로 옳은 것은?

① 문무일치교육이 강조되었다.
② 학교교육제도는 과거제도와 관련되었다.
③ 관립의 초·중·고등교육체제가 확립 되었다.
④ 문관위주의 교육으로 기술교육을 천시하였다.

09

성인교육(Andragogy)의 특징을 제시한 것으로 옳지 않은 것은?

① 학습자의 독립적 성향
② 풍부한 학습자원으로서 경험
③ 미래 준비를 위한 표준교육과정
④ 즉시 활용 가능한 문제 중심학습

10

다음의 주장과 관련 있는 교육과정 이론은?

> ○ 학생들을 둘러 싼 생활 세계를 존중해야 한다.
> ○ 교과서의 지식은 특정 계층의 이데올로기를 반영하고 있다.
> ○ 현재의 학교 교육은 학생들을 정신적으로 황폐화시키고 있다.
> ○ 사전에 설정된 교육 목표에 따라 수업하는 것은 바람직하지 않다.

① 재개념주의   ② 개념경험주의
③ 구조주의   ④ 전통주

11

일반 사회조직에 비교하여 학교조직의 특성에 해당하지 않은 것은?

① 학교조직은 고도의 전문적인 지식을 요구하는 전문적 성격을 지니고 있다.
② 학교는 사회갈등을 해소하고 구성원간의 협력을 촉진하는 통합조직에 해당한다.
③ 학교는 조직으로서 체계를 지니고 있으나 혼란스럽고 무질서한 양상을 띠고 있다.
④ 학교조직은 서로 연결되어 있으나 구성원 각자의 독자성도 어느 정도 지니고 있다.

12

타일러(R. Tyler)의 '목표중심형 평가'에 대한 설명으로 옳지 않은 것은?

① 명확한 평가 기준을 제시한다.
② 평가를 독립된 학문영역으로 발전시켰다.
③ 인지적 영역에 대한 평가가 가능하도록 하였다.
④ 평가결과에 대한 양적인 기술은 불가능하도록 하였다.

13

협동학습(Cooperation Learning)을 실시하는데 있어서 가장 문제가 되는 것은?

① 무임승차 ② 집단편파
③ 부익부현상 ④ 자아존중감 손상

14

다음의 내용에 부합하는 장기기억 속의 지식의 유형은?

> ○ 절차적 지식의 기본 단위이다.18
> ○ '만일 ~, 그러면 ~'의 형식으로 표현된다.
> ○ 특정한 조건 하에서 드러내야 할 행위를 나타낸다.

① 개념(concept) ② 명제(proposition)
③ 산출(production) ④ 도식(schema)

15

"교육공무원의 종별과 자격을 달리하는 임용"을 무엇이라고 하는가?

① 승진 ② 강임
③ 전보 ④ 전직

16

다음의 내용에 가장 가까운 교육철학 사상은?

> 귀족들은 인격도야가 교육목적이고 서민들은 직업도야가 교육목적이라는 그릇된 생각을 버려야 한다. 귀족이나 서민이나 하나의 인격으로 존중 받아야 하며, 그러기에 귀족이나 서민이나 교육목적은 다 인격도야이어야 한다.

① 항존주의 ② 실존주의
③ 본질주의 ④ 재건주의

17

2022년 초·중·고등학교 개정교육과정의 특징을 설명한 것으로 옳지 않은 것은?

① 초등학교는 기본생활습관, 기초학습능력, 바른 인성을 함양할 수 있도록 한다.
② 중학교 자유학기제는 주제선택활동, 진로탐색활동, 동아리 활동으로 운영한다.
③ 고등학교는 학점기반 선택교육과정으로 교과활동과 창의적 체험활동으로 구성한다.
④ 학교급 간 전환기의 학생들이 상급 학교의 생활 및 학습을 준비하는데 필요한 진료연계 교육을 운영할 수 있다.

18

번스타인(B. Bernstein)의 교육과정과 사회변동의 관계를 설명한 것으로 옳은 것은?

① 학교 교육과정의 구조가 강하면 학생의 요구가 존중된다.
② 학교의 교육과정과 사회·경제관계는 항상 밀착되어 있다.
③ 집합형 교육과정에서는 학생들 상호간에 교류가 활발하게 된다.
④ 통합형 교육과정에서는 학교교사들의 자율재량권이 늘어나게 된다.

19

에릭 번(Eric Berne)의 의사거래분석 상담에서 상담자가 상담 장면에서 가장 중심적으로 취하는 행동은?

① 표준화 검사를 통하여 내담자의 특성을 정확히 알아낸다.
② 내담자의 자아 상태, 교류, 게임, 각본 등을 분석한다.
③ 내담자의 경험과 감정을 정확하게 공감하고 반영해 준다.
④ 자유연상을 통해 내담자의 무의식 속에 억압된 욕구들을 찾아낸다.

20

다음의 특징을 포괄하고 있는 의사결정 모형은?

> ○ 정책결정자의 개인적인 차원을 강조한다.
> ○ 행동과학적 접근 방법을 활용한다.
> ○ 순수합리성의 한계를 극복하고자 한다.

① 만족화 모형　　② 최적 모형
③ 점증모형　　　④ 혼합모형

01

20세기 후반 교육철학 사조와 그 철학적 관점이 바르게 연결된 것은?

① 분석철학 – 불확실한 의미를 명확하게 밝힘으로써 바람직한 세계관이나 윤리관의 확립에 공헌하였다.
② 탈구조주의–다문화적 사회에 맞는 다양한 개성과 공동체를 조화롭게 조정하고자 하였다.
③ 실존주의 – 사회과학적 차원에서 인간의 현존재를 체계적으로 분석하고 규명하였다.
④ 비판철학 – 경제구조에 종속되어 있는 현대 학교교육의 부작용은 역사적인 필연으로 강조한다.

02

서양의 17세기 실학사상가 코메니우스(Comenus)의 교육론을 설명한 것으로 틀린 것은?

① 151가지 주제의 사물에 대해 삽화를 넣은 어린이용 라틴어 교과서를 출간 하였다.
② 객관적이고 과학적인 교육목적, 교육내용, 교육방법의 체계를 제시하여 객관적인 자연주의자라고도 한다.
③ 사물들의 원인과 결과에 대한 분석, 인간 및 사물들 간의 상관관계의 원리 등을 강조한 통합교육과정을 제안하였다.
④ 자연의 사물들을 경험적·실험적인 탐구방법에 의하여 바람직한 결론을 얻을 수 있다는 방법을 제시하였다.

03

조선시대 향교(鄕校)의 교육적 특징으로 적절하지 못한 것은?

① 관료자원 확보와 지방민 교화를 목적으로 운영되었다.
② 향교에 입적되어 있는 유생에게 소과 응시자격이 주어졌다.
③ 각 향교마다 전임교관 1인과 훈도(조교) 1인을 두게 하였다.
④ 입학자격은 양반 및 향리, 일반서민 자제로서 16세 이상을 원칙으로 하였다.

04

우리나라 주권상실기의 1차 조선교육령시기에 일제가 추진했던 교육정책에 해당하는 것은?

① 일본의 학제와 동일한 교육제도 도입
② 조선어 과목을 필수과목으로 지정
③ 교원양성기관으로 경성 사범학교 설립
④ 조선인을 차별하는 복선제 교육제도 운영

05

우리나라의 고교평준화 정책에 관한 설명으로서 가장 적합한 것은?

① 자유시장 경제의 논리에 입각한 교육정책이다.
② 결과적으로 교육조건의 평등화에 크게 공헌하였다.
③ 교육수요자의 다양한 선택권을 보장해 주는 정책이다.
④ 고등학교 입시문제 해결을 위한 정책으로 추진되었다.

06

다음 중 현행 「평생교육법」 내용에 관한 진술 중 옳지 않은 것은?

① 교육부 장관은 학교형태의 평생교육시설 중 일정 기준 이상의 요건을 갖춘 평생교육시설에 대하여는 이를 고등학교졸업 이하의 학력이 인정되는 시설로 지정할 수 있다.
② 대학의 장은 대학생 또는 대학생 외의 자를 대상으로 자격취득을 위한 직업교육과정 등 다양한 평생교육과정을 운영할 수 있다.
③ 국가 및 지방자치단체는 성인의 사회생활에 필요한 문자해득능력 등 기초능력을 높이기 위하여 노력하여야 한다.
④ 교육부 장관은 국민의 평생교육을 촉진하고 인적자원의 개발·관리를 위하여 학습계좌를 도입·운영할 수 있도록 노력하여야 한다.

07

콜만(Coleman)이 주장하는 가정배경 가운데 사회자본의 예로 가장 적절한 것은?

① 부모의 경제적 지원 능력
② 부모의 지적 능력 또는 교육 수준
③ 가정에서 형성된 취향이나 심미적 태도
④ 부모와 자녀 사이의 상호 신뢰와 유대감

08

규준지향 평가(norm-referenced evaluation)에서 평가 결과의 신뢰도를 확인하기 위해서 '재검사신뢰도'를 산출하였다. 이 때 신뢰도 계수의 크기에 가장 큰 영향을 줄 수 있는 요인은?

① 문항의 동질성
② 검사내용의 오차
③ 검사의 시간간격
④ 검사조건의 오차

09

다음 중에서 1980년 아들러(M. Adler)가 제안한 파이데이아 교육과정(Paideia curriculum)의 특징으로 옳은 것을 모두 고르면?

> ㄱ. 항존주의 교육철학의 이념에 입각하여 고안된 교육과정이다.
> ㄴ. 모든 학생들에게 근본적으로 똑같은 종류의 학교교육을 실시하기 위함이다.
> ㄷ. 교육제도적인 측면에서 보면 복선적인 교육제도를 추구하는 교육과정이다.
> ㄹ. 선택과목을 다양하게 하고 한 과목을 세분화 하거나 특수화를 가능한 넓게 할 수 있어야 하는 교육과정이다.

① ㄱ, ㄴ
② ㄱ, ㄹ
③ ㄱ, ㄴ, ㄹ
④ ㄱ, ㄴ, ㄷ, ㄹ

10

다음 대화에서 '슬기'가 교육내용에 부여하는 가치는?

> 보람: 너 성적 잘 나왔어?
> 슬기: 아니. 우리가 왜 학교에서 이런 내용을 배우는지 모르겠어. 대학입학에 필요하기는 하지만 실생활에는 별 쓸모가 없지 않아? 공부 잘 한다고 꼭 부자가 되는 것도 아니고 말이야.

① 내재적 가치
② 외재적 가치
③ 보수적 가치
④ 전통적 가치

11

다음은 두 학생이 종교에 대한 자신의 관점을 이야기하고 있는 사례이다. 마샤(J. Marcia)의 정체감 형성유형에 비추어 두 학생의 정체감 상태를 바르게 짝지은 것은?

> 철수 : 나는 종교에 대한 많은 생각을 해보지 않았어요. 나는 내가 믿는 것이 무엇인지 정확히 모르는 것 같아요.
> 은성 : 내 부모님은 불교신자예요. 그래서 나도 불교신자예요. 그것이 바로 내가 종교적으로 성장한 방식이구요.

	철수	은성
①	정체감 유실	정체감 혼미
②	정체감 유예	정체감 성취
③	정체감 혼미	정체감 유실
④	정체감 유예	정체감 유실

12

어떤 교사가 다음과 같이 학생을 지도하였다면, 이 교사가 사용할 심리학적 방법은?

> 일제고사를 앞둔 학생들에게 시험범위는 물론 문제형식과 수험요령 등 관련 정보를 자세히 알려 주고, 시험 직전에는 심호흡을 유도하여 이들의 불안감을 해소해 주려고 노력하였다.

① 스키너의 조작적 조건화
② 웰페의 상호제지 이론
③ 손다이크의 시행착오설
④ 쾰러의 통찰학습 이론

13

정보처리이론에서 학생이 학습한 내용을 장기기억에 저장하기 위해서는 여러 '기억책략' 가운데 다음의 내용에 해당하는 것은?

> ○ 청소년 시기 이전에는 거의 발견되지 않는 비교적 늦게 발달하는 기억책략이다.
> ○ 기억하고자 하는 정보에 어떤 것을 덧붙이거나 혹은 서로 의미 있는 연결을 만들어 내는 기억책략이다.

① 정교화 ② 조직화
③ 맥락화 ④ 이중부호화

14

현실요법을 적용하여 내담자를 상담하고자 하는 상담교사의 상담방법으로 옳은 것을 다음에서 모두 고른 것은?

> ㄱ. 현재를 중시하면서 내담자의 감정이나 태도보다 행동에 초점을 맞춘다.
> ㄴ. 내담자의 비합리적 신념에 대한 근거와 타당성을 입증하도록 논박하여 합리적인 신념을 갖게 한다.
> ㄷ. 내담자의 욕구충족을 위해 선택한 행동의 효과성을 평가하면서, 새롭고 합당한 방법을 찾도록 돕는다.
> ㄹ. '지금 여기'에서 내담자의 현재 감정에 초점을 맞추어 반영하고, 그에게 주는 의미를 자각할 수 있도록 돕는다.

① ㄱ, ㄷ ② ㄴ, ㄹ
③ ㄴ, ㄷ, ㄹ ④ ㄱ, ㄴ, ㄷ, ㄹ

15

과학교사인 최 교사는 다음과 같은 과제를 출제하였다. 메릴(M. D. Merrill)의 내용요소 전시이론(CDT)에 비추어 그가 활용한 내용-수행의 요소는?

> 과제 : 담배연기가 식물의 성장에 미치는 효과를 측정하기 위한 실험을 설계하고 결과를 보고하시오.

① 개념-활용 ② 원리-발견
③ 사실-기억 ④ 절차-활용

16

토론학습 가운데 배심토의(Panel Discussion)의 특징을 제시한 것으로 옳은 것을 모두 고르면?

> ㄱ. 청중과 발표자 사이의 자발적인 의사교환이 가능하다.
> ㄴ. 발표자가 계속 바뀌기 때문에 계속적인 집중이 가능하다.
> ㄷ. 진행자의 능력에 따라 토의를 통해 다수 문제의 취급이 가능하다.
> ㄹ. 청중은 주제에 대해 관심을 갖고 적극적으로 토론 과정에 참여하여야 한다.

① ㄱ, ㄴ
② ㄱ, ㄷ
③ ㄱ, ㄴ, ㄷ
④ ㄱ, ㄴ, ㄷ, ㄹ

17

다음 중에서 학교 관료제의 일반적인 특징을 설명한 것으로 옳은 것은?

① 학교조직은 불확실성 속성을 지니고 있다.
② 학교관료제는 전문성과 자율성을 향상시킨다.
③ 학교의 비교적 민주적인 통제구조를 지닌다.
④ 교사들의 창의력과 환경의 변화에 적응력을 약화시킨다.

18

다음 아래의 〈표〉는 호이와 미스켈(Hoy & Miskel, 1996)의 조직풍토기술질문지(OCDQ-RE)를 통한 조직풍토 연구결과를 제시한 것이다. (가)와 (나)에 들어 조직풍토를 바르게 나타낸 것은?

		교장의 행동	
		개방적	폐쇄적
교사의 행동	개방적	(가)	
	폐쇄적	(나)	

① 가 - 개방적 풍토   나 - 방관적 풍토
② 가 - 방관적 풍토   나 - 폐쇄적 풍토
③ 가 - 개방적 풍토   나 - 폐쇄적 풍토
④ 가 - 헌신적 풍토   나 - 방관적 풍토

19

다음의 대화에서 송 교사가 말하는 신임교장의 경영이론적 관점은?

> 박 교사 : 새로 오신 교장 선생님 어떤 것 같아요?
> 송 교사 : 좋은 것 같아요! 이번 교장 선생님은 전임 교장 선생님에 비해 모든 일을 자율적으로 할 수 있도록 하니까요!

① 과학적 관리의 관점
② X이론의 관점
③ Y이론의 관점
④ 위생이론의 관점

20

교사의 수업 전문성 향상을 목적으로 다음과 같이 진행되는 수업장학의 방법은?

> ○ 모의 수업을 실시하고 이를 비디오로 녹화한다.
> ↓
> ○ 비디오를 반복적으로 보면서 수업 내용을 관찰·분석한다.
> ↓
> ○ 분석 내용을 토대로 수업 실시자에게 피드백을 제공한다.

① 팀 티칭(team teaching)
② 마이크로 티칭(micro teaching)
③ 협동학습(Cooperation learning)
④ 상보적 수업(reciprocal teaching)

05 유길준 교육학 동형모의고사

01
서양의 근대 공교육제도의 발달에 관한 설명으로 틀린 것은?

① 영국은 종교개혁 이후 문법학교를 국가주도하에 설립하였다.
② 독일은 종교개혁 직후 공비로 운영되는 왕후학교를 설립하였다.
③ 17세기 절대군주들에 의해 보편교육의 이념이 추구되었다.
④ 19세기 산업인력 수요가 급증하여 초등교육이 대중화되었다.

02
포스트모더니즘(post-modernism) 교육철학의 특징을 설명한 것으로 가장 옳은 것은?

① 플라톤(Platon)적 진리관을 강조한다.
② 지식 교육을 포기하고 감성교육을 추구한다.
③ 교육목적으로 고귀하고 품위 있는 지성을 중요시한다.
④ 교과의 중심내용을 의심하고 부정하는 방법을 중요시한다.

03
조선 총독부가 주도한 "제3차 조선교육령 시행시기"의 교육정책을 제시한 것으로 옳은 것은?

① 한국인을 위한 학교와 일본인을 위한 학교의 명칭을 동일하게 하였다.
② 종전 선택과목이었던 한국어가 필수과목으로 지정하여 일본어 과목과 동등하게 취급되었다.
③ 한국의 학생들을 일제의 침략 전쟁에 참가시키기 위해 의무교육을 준비하도록 하였다.
④ 경성사범학교를 설립하여 1부 소학교, 2부 보통학교 교원을 양성하도록 하였다.

04
실용주의 교육사상가 듀이(J. Dewey)가 '지성적 성장'에 대해 설명한 것으로 옳은 것은?

① 교육내용에 있어서 지성적 성장이라는 교육목적을 달성하기 위해 여러 가지 관념들로 구성되기에 보편적 경험이 중요하다.
② 지성적 성장에 있어서 교육목적이란 교육활동의 단순한 귀결이나 종결, 또는 결과만을 말하는 것이 아니라 수단-목적의 과정이다.
③ 지성적 성장을 위해 교육자는 항상 현 세대의 학습자의 학습내용과 성인의 가치가 포함된 학습내용을 주의 깊게 고려해야 한다.
④ 지성적 성장을 위해 학습경험의 순서는 경험들 사이에 가치가 적은 것에서 시작하여 가장 최고의 가치를 지니는 것으로 차례대로 배열하는 것이 중요하다.

05
준거참조평가(Criterion reference evaluation)의 특징을 설명한 것으로 가장 옳은 것은?

① 문항 변별도 산출이 필요 없는 평가이다.
② 공정한 평가 결과를 원할 때 사용한다.
③ 평가 결과로 얻은 점수는 의미가 없다.
④ 전인교육의 평가로 유용하게 활용할 수 있다.

06

다음 중에서 파이너(W. Pinar)에 의하여 1970년대부터 추진되어 온 교육과정 '재개념화'(reconceptualization)의 특징에 해당되는 사항들로만 묶인 것은?

> ㄱ. 교육과정에서 이론과 실제의 의미와 이들 간의 관계를 파악하려고 한다.
> ㄴ. 교육과정개발에 있어서 상황을 분석하여 상황에 기초한 교육과정 개발을 강조한다.
> ㄷ. 교육과정의 현장감, 사실적인 것, 현실적인 것을 반영하려고 하였다.
> ㄹ. 교육에 있어서 교사중심의 일방적인 형태에서 벗어나야 된다는 점을 강조한다.

① ㄱ, ㄴ
② ㄱ, ㄹ
③ ㄱ, ㄴ, ㄷ
④ ㄱ, ㄴ, ㄷ, ㄹ

07

학습경험의 선정원리 가운데 (ㄱ)과 (ㄴ)에 적합한 것은?

> ㄱ. 소설을 읽고 흥미를 느끼는 것이 목표라면 소설을 읽을 수 있는 학습활동을 선정해야 한다.
> ㄴ. 학습내용이 너무 쉽거나 어려우면 학습의 피해자가 생기게 되므로 이를 해결하기 위해 심화, 보충 내용을 제시하는 것이 좋다.

	(ㄱ)	(ㄴ)
①	만족의 원리	흥미의 원리
②	기회의 원리	학습가능성의 원리
③	일경험 다성과의 원리	사회적 유용성의 원리
④	인간다운발달의 원리	타당성의 원리

08

평가문항 제작원리에 근거하여 평가 문항을 제작하려고 할 때 선택형 검사에 비해 서술형 또는 논술형 검사의 특징으로 옳은 것은?

① 문항표집의 대표성이 낮을 가능성이 있다.
② 문항제작이 어렵고 문항의 내용타당성이 높다.
③ 평가 결과를 신속하고 공정하게 제시할 수 있다.
④ 정답을 모를 때 추측으로 정답을 할 가능성이 있다.

09

다음의 사례를 파블로프(Pavlov)고전적 조건화 이론에 비추어 해석하였을 때, 조건자극인 것은?

> 국어시간에 철수는 선생님의 말씀을 듣지 않고 엉뚱한 공상을 하고 있었다. 그때 마침 선생님께서 자신의 이름을 부르는 소리에 놀라 자리에서 일어났지만 선생님의 질문에 대해 한 마디도 대답을 할 수가 없었다. 그래서 선생님으로부터 심하게 꾸중을 듣게 되었다. 그 후 철수는 국어과목을 싫어하게 되었다.

① 자신의 엉뚱한 공상
② 선생님의 질문
③ 국어과목
④ 선생님으로부터 꾸중

10

어떤 교사가 과학시간에 원자모형을 파워포인트로 제시하면서 설명을 하였다면 이것은 정보처리이론의 어떤 기법을 활용한 것인가?

① 자동화(automaticity)
② 군단위화(chunking)
③ 시연(rehearsal)
④ 이중부호화(dual-coding)

11

동기 이론에 대한 설명으로 옳지 않은 것은?

① 인지주의자들은 내발적 동기를 강조하며 동기에 있어서 신념, 기대와 귀인의 역할을 강조한다.
② 충동감소이론은 두 사람이 다른 충동을 갖고 있는 경우, 같은 보상을 제공하면 충동이 감소된다.
③ 정신분석적 동기이론은 생명과 성장을 증진시키는 삶의 본능과 파괴를 밀어내는 죽음의 본능을 인간의 동기라고 하였다.
④ 인간주의 심리학자들은 내발적 동기의 중요성을 강조하고 자기존중이나 자아실현의 욕구를 인간의 중요한 동기로 보았다.

12

인간중심 상담의 기법에서 "죄는 미워해도 사람은 미워하지 않는다."라는 말의 정신과 일맥상통하는 기법은?

① 무조건적 긍정적 배려
② 공감적 이해
③ 진실성
④ 자아개방

13

다음에서 제시한 교사의 수업과 관련이 깊은 학습형태는?

> 오늘은 사전(辭典)이 우리를 위해 무엇을 할 수 있는 알아보기로 한다고 수업을 소개하고 본 수업에 들어가기 전에 교사는 사전의 기재사항을 빔프로젝터로 확대하여 제시해주고 사전은 우리들에게 품사, 적절한 약어, 정확한 철자, 어원 발음 및 의미 등 단어에 관해 모든 것을 말해 줄 것이라고 말한다.

① 블룸(B. Bloom)의 완전학습
② 브루너(J. Bruner)의 탐구학습
③ 오수벨(D. Ausubel)의 유의미학습
④ 캐롤((J. Carroll)의 학교학습 이론

14

문제기반학습(PBL)전략의 전형적인 특성으로 옳지 않은 것은?

① 수업은 문제제기나 질문으로 시작하며, 문제를 해결하는 것이 수업의 초점이다.
② 학생들은 문제를 조사하고 방략을 고안하고, 그리고 해결책을 발견하는 책임을 진다.
③ 교사는 질문하기와 다른 형태의 수업발판(instruction scaffolding)을 통해 학생들의 노력을 지도한다.
④ 학습자 주의를 끌고 배경지식을 활성화 시킨 다음 정보를 작동기억에 넣도록 한다.

15

보르디외(P. Bourdieu)가 「문화적 재생산이론」에서 주장하는 학교에서 행사되고 있는 상징적 폭력(symbolic voilence)의 주요 주장으로 옳지 않은 것은?

① 상징적 폭력은 지배계급의 사고방식이나 지배유형 또는 문화양식이 자연스러운 질서를 가진 것처럼 보이도록 하는 것이다.
② 지배집단은 피지배집단 보다 그들 집단의 문화적 자의성(cultural arbitrary)을 재생산하려는 의도가 강하다.
③ 공식적으로 권위가 인정되는 교육적 행위에는 계급 지배의 의도가 구체적 가시적으로 들어나 있다.
④ 문화에 대한 사회적 정통성을 확보하는 과정에서 상징적 폭력(Symbolic violence)을 행사하는 공식적 사회제도로 학교를 주목한다.

16

다음 최근 정부가 발표한 특정년도 서울시 구별 1000명 당 서울대 입학 비율을 나타낸 것이다. 「콜만 보고서(Coleman Report)」의 결과를 기초로 이와 같은 교육결과의 불균등 현상을 바르게 설명하고 있는 것을 고르면?

강남	서초	송파	마포	구로	중랑	동대문	성북	성동
25.4	23.5	13.2	2.8	3.8	3.7	4.0	4.4	4.5

① 강남지역의 상대적으로 높게 지니고 있는 경제적인 여력이 자녀들의 학업성취에 큰 영향을 주었다.
② 일반적으로 강남지역의 학생들은 타고난 능력이 다른 지역에 비해 높기 때문이다.
③ 평준화에 따른 학생배정에 있어서 강남지역에 특수목적 고등학교를 많이 설립했기 때문이다.
④ 학교가 가정배경, 지역적 특징을 뛰어 넘어 학생들의 상급학교 진학에 가장 큰 영향을 주었다.

17

다음과 같은 관점을 추구하는 학교조직이론은?

> ○ 일상적으로 학습을 계속 진행해나가며 스스로 발전하여, 환경 변화에 빠르게 적응할 수 있는 조직이다.
> ○ 기존의 학교경영혁신 전략들이 단발성으로 끝나는 한계를 극복하기 위해 지속적인 혁신의 필요성이 높아짐에 따라 등장한 개념이다.
> ○ 지식을 창조하고 획득하고 이전하는 데 능숙하며, 또한 새로운 지식과 통찰을 반영하여 자신의 행동을 변화시키는 데 능숙한 조직이다.

① 야생조직(wild organization)
② 학습조직(learning organization)
③ 조직화된 무정부(organized anarchy)
④ 이완결합조직(loosely coupled system)

18

변화지향적 지도성에 포함되는 학교장의 행동 가운데 다음과 같은 내용과 관련된 행동요소는?

> 학교장은 교육과정운영에 있어서 새로운 절차, 프로그램 및 문제해결에 있어서 창의성을 고취하고, 낡은 학급운영 방식에의 고착을 잊어버리도록 조성하고 그것을 제거하며, 교직원 개개인이 잘못에 대해 공개적으로 비판하지 않는다.

① 카리스마(charisma)
② 지적 자극(intellectual stimulation)
③ 영감적 동기유발(inspirational motivation)
④ 개별적인 배려(individualized consideration)

19

다음 중에서 헤즈버그(Herzberg)의 '동기위생이론'이 학교경영에 주는 시사점으로 적절한 것을 골라 바르게 묶은 것은?

> ㄱ. 교사들의 직업적 안정성을 확보해 주는 데 주력한다.
> ㄴ. 학교의 근무조건을 개선하여 직무만족을 유도한다.
> ㄷ. 불만족 요인을 무시하고 만족요인을 증진시켜야 한다.
> ㄹ. 승진제도의 개선을 통해 직무확장(풍요화)을 추구한다.
> ㅁ. 불만요인의 예방적 조건을 갖춘 후 동기요인을 촉진한다.

① ㄱ, ㄴ
② ㄷ, ㄹ
③ ㄴ, ㄷ
④ ㄹ, ㅁ

20

다음과 같은 효과를 기대하는 장학유형의 특징을 다음에서 골라 바르게 묶은 것은?

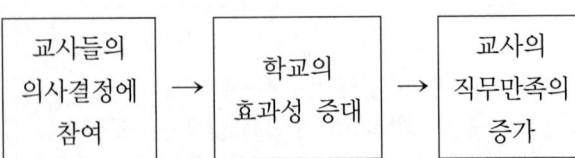

ㄱ. 교사들의 인간적이고 전문적 성장에 기반을 두고 실시하는 장학이다.
ㄴ. 교사들 개인이 지니고 있는 독특한 개성과 재능을 충분히 발휘할 수 있는 환경을 제공해야한다.
ㄷ. 임상장학을 원하지 않는 교사들에게 효과적으로 제시할 수 있는 장학방법이다.
ㄹ. 교사의 경력으로 보아 중간경력의 정착기에 효과적으로 적용할 수 있는 장학방법이다.

① ㄱ, ㄴ
② ㄱ, ㄷ
③ ㄱ, ㄴ, ㄹ
④ ㄱ, ㄴ, ㄷ, ㄹ

06 유길준 교육학 동형모의고사

01

다음 중에서 조선시대 학자들의 저술 중에서 『천자문』의 문제점을 비판하며 편찬된 한자학습용 교재 모두 고르면?

```
ㄱ. 박세무의 『동몽선습(童蒙先習)』
ㄴ. 최세진의 『훈몽자회(訓蒙字會)』
ㄷ. 장  혼의 『아희원람(兒戲原覽)』
ㄹ. 정약용의 『아학편(兒學編)』
```

① ㄱ, ㄴ
② ㄴ, ㄹ
③ ㄱ, ㄴ, ㄹ
④ ㄱ, ㄴ, ㄷ, ㄹ

02

서양의 계몽사상의 선구자 '로크(Locke)'의 교육사상을 설명한 것으로 거리가 먼 것은?

① 인간의 본성은 본래 타고나는 것이 아니라 후천적인 경험을 통해 만들어 진다고 하였다.
② 마음은 지각, 분별, 비교, 사고, 회상 등 여러 가지 능력으로 구성되어 있다.
③ 교육의 궁극적인 목적이 사회적으로 유능한 신사(紳士)를 길러내는 것이라고 주장하였다.
④ 아동들은 라틴어와 그리스어를 언어자체를 위해서 보다는 전쟁, 농업, 과학 등에 관한 정보를 얻기 위해 배워야 한다.

03

서양의 실존주의 교육철학의 교육적 의의를 제시한 것으로 옳은 것은?

① 교육을 통해 인간 자신의 내적 세계를 탐색하여 자신의 주체적 자각과 결단을 강조하였다.
② 교육철학을 하나의 독립적이고 객관적인 학문분야로 성립시키기 위한 노력을 하였다.
③ 교사들에게 명료하게 생각하고 말하도록 촉구하는 계기를 마련하였다.
④ 현대사회의 비리를 교육현장에서 고발하면서 교육을 통해 비리를 극복하기 위해 의식화 교육을 강조한다.

04

전통주의자인 보비트(F. Bobbitt)의 교육과정 구성방법과 거리가 먼 것은?

① 교육과정 구성은 교과의 형태를 취한다.
② 성인들의 활동을 분석한 자료에 근거한다.
③ 주지교과 보다 사회생활에 필요한 내용을 강조한다.
④ 남학생과 여학생에게 동일한 교육과정을 제공해야 한다.

05

다음 중에서 준거타당도(criterion-related validity)에 대한 설명으로 옳은 것은?

① 공인타당도는 두 검사가 동일한 능력을 측정하고 있을 때 사용하는 타당도이다.
② 예언타당도 검증에서 미래의 행동을 수집하는 검사는 신뢰도가 높지 않아도 된다.
③ 예언 타당도의 통계적 검증에서 가장 많이 사용하는 기법이 요인분석 기법이다.
④ 준거 타당도는 검사도구의 자체가 지니고 있는 내적 준거를 이용하여 타당도를 검증한다.

06

피터즈(R. S. Peters)가 제시한 교과의 '선험적 정당화(transcendental justification)'에 관한 설명으로 옳지 않은 것은?

① 사회적 필요에 의하여 교과의 가치를 확립한다.
② 교과를 배우지 않은 사람은 정당화 문제를 제기할 수 없다.
③ 공적 전통에의 입문이라는 개념과 밀접한 관련을 맺게 된다.
④ 교과의 정당화를 요청한 사람에게 요청의 논리적 가정을 밝혀준다.

07

2022년 개정교육과정에서 학교교육과정지원에 관한 사항으로 옳지 않은 것은?

① 국가는 교육과정 질관리 차원에서 교육과정에 대한 조사, 분석 및 점검을 실시하고 그 결과를 교육과정 개선에 반영한다.
② 학생 맞춤형 교육과정을 강화하기 위하여 국가는 지역 및 학교, 학생의 다양한 특성을 반영하여 학교 교육과정이 운영될 수 있도록 지원한다.
③ 교육청은 학생의 맞춤형 교육과정을 위하여 학습자의 다양성을 존중하고 학습 소외 및 교육격차를 방지할 수 있도록 맞춤형 교육을 지원한다.
④ 국가는 학교의 교육환경조성을 위해 디지털 교육환경 변화에 부합하는 미래형 교수·학습 방법과 평가체제 구축을 위해 교원의 에듀테크 활용 역량함양을 지원한다.

08

다음 〈표〉는 수학검사결과 남생과 여학생의 검사 신뢰도를 검증하기 위해 작성한 것이다. 이를 근거로 신뢰도를 해석한 것으로 옳은 것은?

남학생	검사점수	진점수	오차점수
진호	33	30	+3
지호	30	33	−3

여학생	검사점수	진점수	오차점수
파란	38	40	−2
하늘	34	32	+2

※검사점수 : 한차례 시험을 치러 나온 원점수
※진 점 수 : 무한번 반복하여 얻은 평균점수

① 진점수와 검사점수의 차이로는 신뢰도를 검증하기 어렵다.
② 여학생의 검사에 비해 남학생 검사의 신뢰도가 높다.
③ 남학생의 검사가 여학생의 검사에 비해 신뢰도가 낮다.
④ 여학생의 검사와 남학생의 검사의 신뢰도는 차이가 없다.

09

다음 중에서 (ㄱ)과 (ㄴ)에 내포되어 있는 진수와 영희의 심리적 속성을 가장 잘 나타낸 것은?

> (ㄱ) 진수는 이번 시험에 어떤 방식을 공부하는 것이 높은 점수를 얻는지와 어떤 방식으로 공부하면 낮은 점수를 얻는지를 충분히 이해하고 있다.
> (ㄴ) 영희는 이번시험에 대해 자신의 능력에 의문을 가지고 있다. 따라서 시험에 대해서도 소극적인 태도를 보이고 있다.

	(ㄱ)	(ㄴ)
①	성과기대	자기조절
②	포부수준	성과기대
③	성취동기	귀인성향
④	자기조절	자기효능감

10

다음의 사례에 적절한 피아제(J. Piaget)의 인지발달이론의 개념적 요소를 바르게 짝지은 것은?

> ㄱ. 대상을 아래로 던지면 떨어진다고 생각한 혜리는 헬륨 풍선이 위로 날아오르자 깜짝 놀랐다.
> ㄴ. 하늘이는 서커스에서 처음으로 호랑이를 보고는 "와 저 커다란 고양이 좀 봐!"라고 소리쳤다.
> ㄷ. 기수는 과자 하나보다는 그 과자를 떨어뜨려 3조각으로 만들어 먹고 싶어 한다. 왜냐하면 3조각의 작은 과자가 큰 과자 하나보다 더 좋기 때문이었다.

	ㄱ	ㄴ	ㄷ
①	동화	조절	불평형
②	조절	가역성	조직화
③	불평형	동화	비가역성
④	조직화	동화	가역성

11

상담 접근과 그 주요 기법을 잘못 짝지은 것은?

상담 접근	상담 기법
① 교류분석	정신과 신체를 통합하여 자신에게 진실되게 살아갈 수 있도록 한다.
② 정신분석	꿈의 내용을 분석하여 무의식 속에 억압된 욕구를 파악한다.
③ 현실치료	현재의 행동이 소망하는 것을 달성시키고 있는지 파악하게 한다.
④ 행동주의	불안을 느끼는 상황을 상상하게 하면서 동시에 이완훈련을 시킨다.

12

다음 중에서 롸이거루스(C. M. Reigeluth)의 '인지정교화 이론'에 관한 설명으로 옳지 않은 것은?

① 교수과정을 줌렌즈에 비유하여 설명하고 있다.
② 인지전략 활성자는 인지전략선택의 자유를 의미하는 것이다.
③ 내용선택, 계열화, 요약, 종합의 구체적 지침을 제공한다.
④ 선행학습능력의 계열화는 학습의 구조에 기초를 둔 것이다.

13

켈러(J. Keller)의 ARCS 이론에서 '만족감'을 증진시킬 수 있는 전략을 다음에서 골라 바르게 묶은 것은?

> ㄱ. 학습된 기술이나 지식을 적용해 볼 수 있는 모의 상황이나 게임 등을 수업에 첨가 시킨다.
> ㄴ. 외적 보상을 사려 깊게 사용하여 보상이 실제 수업 상황보다 흥미를 끌지 않도록 한다.
> ㄷ. 목적이나 실용성 등을 분명히 제시하기 어려운 학습과제일 경우 시뮬레이션을 적절히 활용한다.
> ㄹ. 능동적 반응을 유도하고 문제해결 활동을 구상하게하며 학습자에게 신비감을 주는 방법을 활용한다.

① ㄱ, ㄷ   ② ㄱ, ㄴ
③ ㄴ, ㄷ   ④ ㄴ, ㄹ

14

문제중심학습(PBL)의 특징을 설명한 것으로 옳지 않은 것은?

① 평가는 과정 중심적이라기보다는 결과 중심적이다.
② 문제는 복잡하고 비구조적이며 실제적인 특성을 지닌다.
③ 상대주의적 인식론인 구성주의에 이론적 근거를 둔다.
④ 학습방식은 자기주도적 학습과 협동학습으로 이루어진다.

15

다음 〈표〉는 젠크스(Jencks, 1972)가 인지능력의 불평등을 설명해주는 정도를 나타낸 것이다. 이 연구결과로서 그 타당성을 가장 비판할 수 있는 교육의 기회균등이론을 다음에서 모두 고르면?

독립변인	가정배경	유전요인	학교 질의 균등화
연구의 결과 변량 (%)	60	35~50	4

ㄱ. 교육조건의 평등   ㄴ. 보상적 평등
ㄷ. 허용적 평등   ㄹ. 보장적 평등

① ㄱ
② ㄱ, ㄴ
③ ㄱ, ㄴ, ㄹ
④ ㄱ, ㄴ, ㄷ, ㄹ

16

평생교육의 이론적 배경인 「학습사회이론」에 대한 기구나 학자의 주장이 바르게 진술되지 못한 것은?

① 유네스코는 1972년에 '존재를 위한 학습(learning to be)'을 강조하는 학습사회를 주장하였다.
② 허친스(R. Hutchins)는 노동시장의 변화에 대응한 인적자원 개발을 강조하는 학습사회를 주장하였다.
③ 카네기 고등교육위원회는 1973년 직업교육을 포함시키는 광의의 입장의 학습사회론을 강조하였다.
④ 일리치(I. Illich)는 학습자원을 쉽게 활용할 수 있도록 지역 차원의 연계된 학습망에 기초한 학습사회를 주장하였다.

17

박 교장은 학교조직의 경영구조를 다음과 같이 나누고 변증법적 관점에서 경영전략을 수립하였다. 그의 경영전략의 이론적 배경을 설명한 것으로 옳지 않은 것은?

(가) 구조적 개념 : 개인 · 협동체제 · 공식조직 · 복합적 공식조직 · 비공식조직
(나) 동태적 개념 : 자유의지 · 협동 · 의사소통 · 권위 · 결정과정 · 동태적 균형

① 지나치게 조직의 생산성 향상을 위한 직무분석과 과업의 능률성을 강조한다.
② 생산성뿐만 아니라 사회적 존재로서의 인간을 중시하고 개인의 감정이나 태도 비공식 집단의 사기를 중요시한다.
③ 행동의 개념과 이론, 연구설계, 통계적 특정 기법 등을 이용하여 개념을 조작하고 이론적 가설을 실증적 자료에 의해 검증하여 일반화할 수 있는 이론을 수립한다.
④ 학교경영자는 조직의 목표 달성도인 '효과'의 중요성을 강조하면 동시에 개인의 동기 충족인 '능률'을 인식해야한다.

18

다음 중에서 「교육기본법」에 규정된 사항으로 옳지 않은 것은?

① 학생을 포함한 학습자의 기본적 인권은 학교교육 또는 평생교육의 과정에서 존중되고 보호된다.
② 부모 등 보호자는 보호하는 자녀 또는 아동이 바른 인성을 가지고 건강하게 성장하도록 교육할 권리와 책임을 가진다.
③ 교원은 상호 협동하여 교육의 진흥과 문화의 창달에 노력하며, 교원의 경제적 · 사회적 지위를 향상시키기 위하여 각 지방자치단체와 학교에 교원단체를 조직할 수 있다.
④ 교원은 특정한 정당이나 정파를 지지하거나 반대하기 위하여 학생을 지도하거나 선동하여서는 아니 된다.

19

학교가 다음과 같은 조건하에 있을 때, 활용될 수 있는 교육정책모형은?

> ○ 학교의 교육목표는 조작적으로 정의하거나 행동으로 옮길 수 있도록 상세화하기도 어렵다.
> ○ 학교가 목표를 달성하기 위해서 학습지도를 한다고 해도 교사의 관점과 이데올로기, 그리고 과거의 시행착오적인 경험으로 인해 각기 상이한 교수방법과 기술을 사용 되고 있다.
> ○ 교사집단의 빈번한 인사이동과 예측할 수 없는 이직률, 학생집단의 입학과 졸업, 기타 중도 탈락 등으로 구성원들이 매우 유동적이다.

① 합리적 모형(rational modal)
② 쓰레기통모형(garbage can model)
③ 최적모형(optimal model)
④ 혼합모형(mixed-scanning model)

20

「지방교육자치에 관한 법률」에 규정되어 있는 교육감에 관한 기술로 바르지 않은 것은?

① 교육감 후보는 과거 1년 동안 정당의 당원이 아니어야 한다.
② 교육감은 시·도의 교육, 학예에 과한 사무의 집행기관이다.
③ 교육감의 임기는 4년으로 하며, 교육감의 계속 재임은 2기에 한한다.
④ 교육감은 주민의 보통·평등·직접·비밀선거에 따라 선출한다.

07 유길준 교육학 동형모의고사

01

교육의미를 다음과 제시했을 때 이에 해당하는 교육현상적 정의는?

> ○ 교육을 기술(技術 ; Technology)로 보고 교사는 기술자로서 인간행동을 계획적으로 변화시키는 전문가이다.
> ○ 인간행동이란 지식, 사고 가치관, 동기체제, 성격특성, 자아개념 등의 내면적 행동과 외면적 행동을 총칭한다.
> ○ 변화란 지식관, 사고력, 정신 등을 변화시키는 것을 말한다.
> ○ 계획은 일반적인 교육의 정의에서는 비계획적이고 무의도적인 것을 배제하고 있다.

① 규범적 정의 ② 조작적 정의
③ 기능적 정의 ④ 약정적 정의

02

조선말기 개화기 교육에 대한 설명으로 옳은 것은?

① 민간 보다는 국가에 의해 근대학교가 설립되었다.
② 학교는 외국 선교사들에 의해서 주로 설립되었다.
③ 역관 자제를 대상으로 한 영어 교육기관이 설립되었다.
④ 교육의 실용화, 교육의 보편화 교육입국의 관점이 강조되었다.

03

진보주의자 듀이(J. Dewey)의 교육사상으로 옳은 것은?

① 진리는 창조하는 것이 아니라 발견되는 것이다.
② 교육 그 자체 이외의 다른 목적을 가지지 않는다.
③ 아동의 잠재가능성 실현하되 사회적으로 유용해야 한다.
④ 교육목적은 일반교육을 통해 아동의 본성을 실현시키는 것이다.

04

루소(J. J. Rousseau)의 아동 교육사상을 충실히 반영하고 있는 견해는?

① 아동교육은 건강한 신체발육에 중점을 두어야 한다.
② 아동의 수준에 맞게 성인의 교과를 번역하여 제시한다.
③ 아동의 학습교재로 『로빈슨 크루소우』를 읽어야 한다.
④ 아동교육에서는 언어 이전에 실물에 대한 감각적 경험이 중요하다.

05

평생학습 방법 가운데 다음의 특성에 가장 부합되는 것은?

> ○ 경험, 비판적 성찰, 발달이 핵심 요소이다.
> ○ 학습자의 내부에서 발생하는 인지적 과정을 집중적으로 규명한다.
> ○ 자신을 구속하는 자기 신념, 태도, 가치로부터 자신을 해방시킨다.

① 실천학습(action learning)
② 경험학습(experience learning)
③ 전환학습(transformative learning)
④ 자기주도학습(self-directed learning)

06

보울스와 긴티스(S. Bowles & H. Gintis)의 대응이론(correspondence theory)에서 바라본 교육과 노동의 사회적 관계에 대한 설명으로 옳지 않은 것은?

① 학생과 노동자는 각각 학습과 노동으로부터 소외되어 있다.
② 학교에서의 성적 등급은 작업장에서의 보상 체제와 일치한다.
③ 작업장에서의 사회적 관계는 학교에서의 사회적 관계에 그대로 반영되어 있다.
④ 토대-상부구조의 결정론을 비판하면서 교육의 상대적 자율성을 강조한다.

07

다음에서 설명하는 교육사회학의 이론은?

> ○ 교육내용의 중요성을 강조하는 학문적 동향이다.
> ○ 고버트(D. Gorbutt)에 의해 최초로 사용된 개념이다.
> ○ 학교교육의 역기능적인 면에 관심을 두고 있는 이론이다.
> ○ 교육의 불평등 문제를 학교 내의 문제로 보는 이론이다.

① 신교육사회학 ② 지위경쟁이론
③ 탈재생산이론 ④ 저항이론

08

다음의 상담사례에서 교사가 사용한 대화기법을 바르게 나열한 것은?

> 민석: 어제 동생이랑 싸웠다고 엄마에게 혼났어요.
> 교사: ㉠ 엄마에게 혼나서 마음이 상 했겠구나.
> 민석: 예, 동생이 먼저 잘못했는데 그런데도 엄마는 제 말을 듣지도 않고 저만 혼내세요.
> 교사: ㉡ 너는 엄마가 너를 불공평하게 대한다는 거구나.

	㉠	㉡
①	해 석	명료화
②	반 영	재진술
③	재진술	해 석
④	직면화	구조화

09

동형 검사 신뢰도의 특징을 설명한 것으로 옳지 않은 것은?

① 연습효과나 기억효과를 비교적 줄일 수 있다.
② 시간의 오차에 초점을 두고 신뢰도를 검증한다.
③ 동형검사 문항제작이 쉽지 않다는 난점이 있다.
④ 문항표집의 오차를 오차 변량으로 취급하게 된다.

10

비고츠키(L. Vygotsky)의 인지발달에 대한 견해와 부합하는 것은?

① 적절한 학습이 발달을 촉진한다.
② 사고발달이 언어발달을 촉진한다.
③ 발달의 단계는 문화권을 초월한다.
④ 아동은 능동적인 '작은 과학자'이다.

11

다음의 사례에 적용되고 있는 프로이드(S. Freud)심리적 방어기제는 어떤 것인가?

> ○ 장난감 말을 타고 놀다가 떨어지면 그 말을 발로 찬다.
> ○ 자기의 잘못을 남에게 전가시킨다.
> ○ 탁구를 못하는 사람이 라켓을 원망한다.

① 보상　　　　② 고립
③ 치환　　　　④ 투사

12

다음 중에서 교육내용의 조직원리 중에서 범위(scope)의 원칙에 관련된 것을 모두 고르면?

> ㄱ. 학생들이 배워야할 폭과 깊이를 정하는 일이다.
> ㄴ. 국어과에서 말하기 듣기, 읽기, 쓰기 등을 선정한다.
> ㄷ. 배워야 할 내용의 순서를 차시별로 결정한다.
> ㄹ. 관련 있는 내용을 비슷한 시간대에 배열 한다

① ㄱ, ㄴ　　　　② ㄴ, ㄷ
③ ㄱ, ㄴ, ㄹ　　　④ ㄱ, ㄴ, ㄷ, ㄹ

13

2022년 개정교육과정에서 길러야 할 핵심역량에 해당하지 않은 것은?

① 전인적인 역량　　② 창의적 사고 역량
③ 협력적 소통 역량　④ 심미적 감성 역량

14

다음에 제시된 교사의 생각을 가장 잘 설명해주는 교육과정은?

> A중학교에 근무하는 음악 담당교사는 평소 학교교육에서 예체능 교과가 그 중요성에 비해 소홀히 다루어지고 있다고 생각한다. 지적 기능 못지않게 중요한 감성은 음악이나 미술 교과를 통해서 잘 계발될 수 있으나, 학교에서는 수업시수가 적어 많은 내용이 가르쳐지지 않고 배제되고 있다는 것이다.

① 중핵 교육과정　　② 영 교육과정
③ 융합 교육과정　　④ 잠재적 교육과정

15

다음의 진술과 가장 관계가 깊은 교수-학습전략은?

> ○ 맥락을 벗어난 지식은 지나친 단순화와 일반화의 오류에 빠지기 쉽다.
> ○ 동일한 자료를 다른 시기에 다른 목적과 관점으로 검토함으로써 다양한 차원에서 지식을 이해하게 한다.
> ○ 끊임없이 그리고 지속적으로, 비정형화된 지식구조를 탐구영역으로 다룸으로써, 혹은 복잡하고 비규칙성이 깃들인 고급지식들을 접함으로써 형성될 수 있다.

① 사례분석 기법
② 인지전략활성화
③ 인지적 유연성전략
④ 지식의 위계 구조

16

다음의 (ㄱ)과 (ㄴ)은 두 교사가 동기유발을 위하여 활용한 전략이다. 켈러(J. Keller)의 ARCS 이론 비추어 두 교사가 사용한 수업전략을 바르게 짝지은 것은?

> (ㄱ) 과학교사인 김 교사는 「지구의 내부」에 대한 수업에서 이용하여 파워포인트를 흰 공백의 적절한 사용, 다양한 글자체의 사용, 소리나 반짝거림, 역상문자 등이 사용하였다.
> (ㄴ) 수학교사인 박 교사는 「이차방정식」에 대한 수업에서 쉬운 내용에서 어려운 내용으로 수업을 조직하고 강화를 자주, 또는 매번 사용하였다.

	(ㄱ)	(ㄴ)
①	주의(Attention)	만족감(Satisfaction)
②	자신감(Confidence)	관련성(Relevance)
③	관련성(Relevance)	만족감(Satisfaction)
④	주의(Attention)	자신감(Confidence)

17

다음과 같은 특징을 포괄하고 있는 교육조직 관리 기법은?

> ○ 교육과업 수행을 위해서 단계와 활동의 플로차트를 작성하고 정확한 필요 시간 추정을 한다.
> ○ 교육계획의 입안자, 집행자, 감독자가 모두 참여할 수 있으며, 계획을 수시로 보완, 수정할 수 있다.

① 조직개발기법(OD)
② 정보관리체제(MIS)
③ 목표관리 기법(MBO)
④ 과업평가 검토 기법(PERT)

18

예산기법 가운데 계획예산제도(PPBS)에 대한 설명에 해당하는 것은?

① 교육사업에 필요한 물품 구입에 치중하는 예산제도로서 구입하는 물품을 잘 표시해 주고 있다.
② 매 회계연도마다 모든 사업을 새로 시작하듯이 영(Zero)에서부터 시작하여 예산을 편성하는 기법이다.
③ 장기적인 계획수립과 단기적인 예산편성을 세부계획작성을 통해 유기적으로 결합시킨 제도이다.
④ 교육사업이나 기능을 수행하기 위해 비용이 얼마나 소요되는가를 명백히 해주는 예산제도이다.

19

동기유발에 관한 로크(Locke)의 목표설정이론에서 과업성취를 높이는데 기여할 수 있는 목표의 속성에 해당하지 않는 것은?

① 동료 간의 협동
② 목표의 곤란성
③ 목표설정에 참여
④ 목표의 구체성

20

초·중등교육법에 규정된 학교회계에 대해 바르게 설명한 것은?

① 회계연도는 매년 1월 1일부터 12월 31일까지이다.
② 국·공·사립의 초·중등학교 및 특수학교에 설치한다.
③ 학교발전 기금은 학교회계 수입에 포함되지 않는다.
④ 학교장과 학교운영위원회의 기능을 강화하기 위한 것이다.

01

조선 시대의 교육에 관한 설명으로 옳지 않은 것은?

① 아동교육 위한 초등교육기관이 있었다.
② 필수 교재로 소학과 4서5경을 중요시 하였다.
③ 향교는 서민의 자제도 입학이 가능하였다.
④ 성균관은 생원과 진사만이 입학할 수 있었다.

02

다음 중에서 서양의 감각적 실학주의자인 코메니우스(J. A. Comenius)의 교육적 공헌을 제시한 것으로 옳지 않은 것은?

① 노동 교육방안 제시 ② 8단계의 평생교육 제시
③ 4단계 단선학제 제시 ④ 시각적 라틴어 교재 편찬

03

실존주의 교육철학자 볼노오(O.F. Bollnow)가 주장하는 '만남'의 교육적 의미로 적절한 것은?

① 예측도 못했고 예견도 못 했던 일이 운명적으로 그 사람을 사로잡아 삶에 새로운 방향을 취할 수밖에 없게 하는 사건을 의미한다.
② 동·식물의 사육이나 재배에서처럼 안으로 부터의 자연적 성장과정에 따라가는 점진적이고 소극적인 작용으로서 교육을 의미한다.
③ 만남은 체계적인 교육방법으로 그 가능성을 강조하며, 인간의 비약적 변화와 잠재가능성을 실현시키는데 가장 적합하다.
④ 교육에서는 인간의 내재적인 가능성을 자극·계발해야 하는데 만남은 그 수단으로서 가장 적절한 방법이라는 것이다.

04

다음과 같은 학급임원활동을 기능주의 사회학의 입장에서 가장 적절하게 해석한 것은?

> 선미는 최근 학급임원으로 선출되어 학교에서 실시하는 리더쉽 훈련에 참가하는 등 다양한 학급과 학교활동에 참여하게 되었다.

① 학교의 사회선발에 적극적으로 참여하는 과정
② 공동생활을 통한 사회적 규범을 함양하는 과정
③ 자아실현의 목표달성을 위한 다양하고 실제적 과정
④ 상급학교 진학을 위한 내신 성적을 취득하는 과정

05

평생교육법에 제4조의 '평생교육 이념'에 규정된 사항으로 잘못된 것은?

① 모든 국민은 평생교육의 기회를 균등하게 보장 받는다.
② 평생교육은 학습자의 자유로운 참여와 자발적인 학습을 기초로 이루어져야 한다.
③ 평생교육은 민주성, 융통성, 전체성을 기반으로 이루어져야 한다.
④ 평생교육은 정치적·개인적 편견의 선전을 위한 방편으로 이용되어서는 아니 된다.

06

다음 〈표〉는 최근 통계청에서 발표한 ○○년도 실업자 수를 제시한 것이다. 학력에 따른 실업자 발생을 가장 적절하게 설명할 수 있는 학력상승 이론은?

고졸실업자수	49만 2천명
대졸실업자수	24만 5천명
전체실업자수	73만 7천명

① 학습욕구 이론 ② 기술기능이론
③ 신마르크스 이론 ④ 지위경쟁이론

07

다음 중 피아제(J. Piaget)의 인지발달이론에 비추어 전조작기에 해당하지 않은 아동은?

① 희철 - 해나 달은 사람의 얼굴처럼 그린다.
② 지선 - 어머니가 교사일수 있음을 인정한다.
③ 희영 - 1+1=2라는 것을 알지만 2-1=1임을 잘 알지 못한다.
④ 진수 - 자신의 왼손과 오른손은 구별할 수 있지만 다른 사람의 것은 잘 구별하지 못한다.

08

다음과 같은 절차로 실시되는 행동수정 기법은?

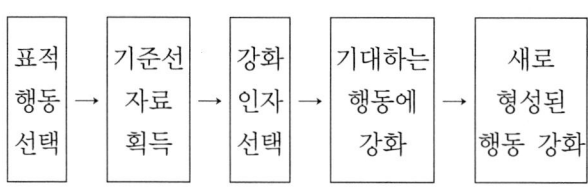

① 행동조형의 원리 ② 프리맥 원리
③ 포화의 원리 ④ 부적 강화

09

인지치료적 접근을 이용하여 상담을 하려고 할 때, 상담자가 취하게 될 판단이나 행동으로 적절한 것은?

① 내담자의 현재 상태를 공감하고 수용한다.
② 자신의 현재행동에 대해 스스로 평가하도록 한다.
③ 부정적인 생각을 다른데 돌릴 수 있도록 유도한다.
④ 내담자의 과거사례사를 작성하고 자유연상을 시킨다.

10

교육과정 학자와 그의 업적이 잘못 연결된 것은?

① 보빗(F. Bobbitt) : 과학적 관리에 기초한 활동 분석법을 활용하여 교육목표를 설정하였고, 전문가에 의한 교육과정 개발을 강조하였다.
② 워커(D. Walker) : 교육 수요자의 요구 분석에 기초하여 교육목표를 설정하고, 체계적 절차를 따르는 교육과정 개발 모형을 제안하였다.
③ 스펜서(H. Spencer) : 근대 과학의 연구 성과를 교육과정 논의에 적용하였고, 실생활을 향상시키는 데 기여하는 지식의 우선순위를 정하였다.
④ 뷰쳄(G. A Beauchamp) : 모든 학문에 내재한 고유한 구조가 무엇인지를 찾아내야 한다는 것으로 지식의 역동적인 방법을 강조하였다.

11

고전검사 문항의 곤란도 분석에 대한 설명으로 옳은 것은?

① 하위집단과 상위집단 간의 정답율의 차이로 교수민감도를 판단하는 것이 좋다.
② 문항의 곤란도는 피험자의 능력에 따라 정답을 할 수 있는 확률로 나타낸다.
③ 문항곤란도 지수가 20%인 문항은 40%인 문항에 비해 두 배 더 어려운 문제가 된다.
④ 문항에 대한 정답자 비율로 산출되는 난이도 지수는 수험자 집단의 수준에 따라 상대적으로 나타난다.

12

부르너(J. Bruner)가 주장하는 지식의 구조학습에 대해 그 의미를 바르게 설명하지 못한 것은?

① 일반적 개념이나 핵심적 원리를 가르치는 것을 학습이라고 강조한다.
② 지식의 구조학습은 사물(현상)의 내부를 배우는 것이다.
③ 원리나 개념을 습득하게 함으로써 전이력을 향상시킬 수 있다.
④ 낱낱의 사실을 다단계의 정보처리 과정을 거쳐 정교하게 정착시키는 학습을 말한다.

13

다음은 메릴(M. D. Merrill)의 내용전시이론(Component Display Theory)의 내용수준에 대한 질문의 실례를 나타낸 것이다. 사실에 해당되는 것은?

> ㄱ. 원주율 π의 값은 얼마인가?
> ㄴ. 인상파 화풍과 르네상스 화풍을 구분 짓는 특성을 무엇인가?
> ㄷ. 다음의 데이터를 분석하는 데는 t검증과 Z검증 방법 중 어떤 것이 적용되어야 하는?
> ㄹ. 저항을 나타내는 기호는 (　　)이다.

① ㄱ, ㄹ
② ㄴ, ㄹ
③ ㄱ, ㄴ, ㄹ
④ ㄴ, ㄷ, ㄹ

14

다음가 같은 '웹 토론하기 수업'에서 교육적 기대효과와 가장 거리가 먼 것은?

> 교사는 '교육양극화의 원인과 그 해결책'에 관한 웹 토론 수업을 시도하였다. 먼저 학생들로 하여금 각자 의견을 인터넷 토론방에 올리도록 하였다. 그리고 동료 학생들의 의견을 읽고 비평하게 하였다. 마지막으로 자신의 의견을 수정하여 다시 올리도록 하였다.

① 작문능력의 향상
② 의사소통 능력의 향상
③ 다양한 사고활동의 촉진
④ 정보 과부하 현상의 예방

15

가네와 브릭스(Gagne & Briggs)의 목표별 수업이론에서 다음의 활동과 관련된 교수사태의 단계는?

> ○ 지적기능 : 개념이나 규칙의 예들을 보여준다.
> ○ 인지전략 : 새로운 문제들을 제시한다.
> ○ 언어정보 : 명제형태로 정보를 제시한다.

① 주의력 획득시키기
② 목표제시하기
③ 선수학습회상하기
④ 자극자료 제시하기

16

다음 중에서 의무교육기관인 초·중학교에서 학교장이 학생에 대하여 할 수 있는 징계방법으로 옳은 것을 모두 고르면?

> ㄱ. 사회봉사　　ㄴ. 퇴학 처분
> ㄷ. 학교 내의 봉사　　ㄹ. 전학 처분

① ㄱ, ㄷ
② ㄱ, ㄹ
③ ㄱ, ㄷ, ㄹ
④ ㄱ, ㄴ, ㄷ, ㄹ

17

동기부여에 관한 아담스(J. S. Adams)의 '공정성 이론'에서 가장 중시하는 인간의 욕구는?

① 정서적 유대를 위한 소속의 욕구
② 타인과의 비교를 통한 형평의 욕구
③ 기본적 생존을 위한 생물학적 욕구
④ 조직의 목표 설정에 대한 참여의 욕구

18

교육정책결정 모형을 설명한 것으로 옳은 것은?

① 명료성과 완전성을 추구하는 모형은 최적모형이다.
② 비정형화된 문제해결은 합리적 모형으로 가능하다.
③ 현실적, 단기적 문제해결에 적합한 것은 점증모형이다.
④ 조직적인 의사결정에는 의사결정 쓰레기통 모형이 적합하다.

19

헤즈버그(F. Herzberg)의 동기-위생이론을 학교운영에 적용한 것으로 적절한 것은?

① 직무를 세분화하여 분야별 전문성을 지니도록 유도한다.
② 교사들의 급여와 근무시간을 시간 등을 조화롭게 조정한다.
③ 교직원과 교장은 인간적인 유대감을 증진하기 위해 노력한다.
④ 직무 풍요화(job enrichment)전략을 적절하게 활용하여야 한다.

20

다음 중에서 「교육공무원법」에 규정된 내용으로 옳은 것은 모두 고르면?

> ㄱ. 수석교사는 교육감이 임용한다.
> ㄴ. 기간제 교원은 교원 임용에서 어떠한 우선권도 인정되지 아니한다.
> ㄷ. 교육공무원의 정년은 65세로 한다.
> ㄹ. 성폭력범죄 행위는 징계사유가 발생한 날부터 10년 이내에 징계의결을 요구할 수 있다.

① ㄱ, ㄴ
② ㄴ, ㄹ
③ ㄱ, ㄴ, ㄹ
④ ㄱ, ㄴ, ㄷ, ㄹ

01

다음 중에서 학문중심 교육과정에 대한 설명으로 옳은 것을 모두 고르면?

> ㄱ. 전이이론에서 일반화설을 채택한다.
> ㄴ. 학습자들의 지적인 성장을 강조한다.
> ㄷ. 교재의 곤란도에 서열을 정하여 가르친다.
> ㄹ. 생활과 밀착된 교육을 강조한다.

① ㄱ, ㄴ
② ㄱ, ㄹ
③ ㄱ, ㄴ, ㄹ
④ ㄱ, ㄴ, ㄷ, ㄹ

02

다음 중에서 진단평가의 기능으로 옳지 않은 것은?

① 학습자의 선수학습 정도를 확인한다.
② 일반적으로 교사가 직접 제작한 검사만을 사용한다.
③ 교사가 교수하려는 과제의 이해 여부를 확인한다.
④ 진단평가의 결과는 성적에 반영하지 않는다.

03

다음 중에서 교육과정 계획에 있어서 교육내용을 선정할 때 철학적 관점에 관계없이 준수해야 할 원리를 모두 골라 바르게 묶은 것은?

> ㄱ. 타당성의 원리
> ㄴ. 흥미의 원리
> ㄷ. 인간다운 발달의 원리
> ㄹ. 학습가능성의 원리

① ㄱ, ㄴ
② ㄱ, ㄷ
③ ㄱ, ㄴ, ㄹ
④ ㄱ, ㄴ, ㄷ, ㄹ

04

다음 중에서 호이트(Hoyt)신뢰도, 크론바하α (Cronbach α)계수 등을 사용하여 신뢰도를 검증하는 방법은?

① 재검사 신뢰도
② 반분신뢰도
③ 동형검사 신뢰도
④ 문항내적 합치도

05

원산학사에 대한 교육사적 의미를 설명한 것으로 옳지 않은 것은?

① 정부의 개화정책에 선행하여 개항장의 민중들이 설립자금을 갹출하여 자발적으로 설립하였다.
② 학칙으로 학사절목(學舍節目)을 제정하여 학사를 운영하고 학생교육을 실시하였다.
③ 원산학사는 1894년 갑오개혁 후 공립학교로 전환되어 1945년 까지 지속되었다.
④ 전통적인 유학교육을 지양하고 근대적인 실용학문을 추구하는 최초의 근대학교였다.

06

18세기 후반과 19세기 서양의 사상가들에 의해 주장된 근대 시민사회에서 공교육제도 확립의 이론적 근거로 적절하지 못한 것은?

① 교육은 민중에 대한 사회적 의무이다.
② 교육은 개인이 자유롭고 평등한 삶을 위해 필요하다.
③ 교육은 덕, 체, 지를 갖춘 상류사회의 신사를 양성하기 위함이다.
④ 교육은 개인보다 국가를 유지하고 보존하기위해 필요하다.

07

다음 중에서 본질주의(Essentialism) 교육이론의 기본적인 가정으로 가장 적절한 것은?

① 변화의 가치를 전면적으로 거부하였다.
② 교사는 특정 영역의 과목에 정통한 자(master)라야 한다.
③ 교육에 있어서 아동의 흥미와 자발성은 인정되어서는 안 된다.
④ 교육은 밖으로부터의 형성이 아니고 안으로부터 계발이어야 한다.

08

드리벤(Dreeben)의 학교사회화 이론에서 다음의 내용과 관련된 사회화 요소는?

> 학교는 장차 어른이 되어 성인 역할을 수행할 때 필요한 자질들을 가르치고 있으므로 학교가 가르치는 내용은 사회의 존립을 위해서 중요한 기능을 한다. 이와 같은 규범은 같은 연령의 학생들이 동일한 학습내용을 배움으로써 획득하게 된다.

① 보편성(universalism)
② 성취성(achievement)
③ 독립심(independence)
④ 특수성(specificity)

09

다음 중에서 신교육사회학자들의 주장과 일치하지 않는 것은?

① 학교의 교육과정은 시대를 초월하여 정당한 것으로 구성되어 있다.
② 학교의 지식은 보편적이라기보다는 사회적으로 인정된 상대적인 것이다.
③ 지식은 사회적 불평등을 이데올로기적으로 정당화하는 효과적인 도구이다.
④ 학교에서 가르치는 지식은 피지배계급의 자녀들에게 불리하게 되어있다.

10

평생교육과 관련된 개념에 대한 설명으로 적절하지 못한 것은?

① 무형식 학습은 정규 학교교육과 우연적 학습을 제외한 모든 형태의 학습이다.
② 성인기초교육은 학교교육을 받지 못했던 사람을 대상으로 하는 문해교육과 생활 기능 교육을 포함하는 삶의 기본교육이다.
③ 인적자원개발은 개인 조직 및 경력 개발에 대한 내용을 포함하는 개념으로 기업뿐 아니라 국가적 수준에서도 이루어진다.
④ 지역사회교육은 지역 주민들의 성장, 지역 문제의 해결 및 지역사회의 발전을 위해 이루어지는 다양한 형태의 교육이다.

11

다음의 두 사례에 공통적으로 나타난 방어기제는?

> ○ 민수는 진영이가 싫지만 오히려 진영이가 자기를 싫어한다고 생각한다.
> ○ 승희는 밤길을 무서워한다. 어느 날 밤, 엄마가 심부름을 시키자 언니에게 함께 나가자고 하면서 "언니, 무섭지? 내가 같이 가니까 괜찮지?"라고 말한다.

① 동일시
② 승화
③ 투사
④ 합리화

12

콜버그(L. Kohlberg)가 도덕 발달이론을 연구하기 위해 제시한 '도덕적 딜레마'에 대한 다음의 반응에 적합한 도덕성 발단단계는?

〈상 황〉

한 남자의 아내가 죽어가고 있다. 아내를 살릴 수 있는 약이 있지만 너무 비싸고, 약사는 싼 가격에는 약을 팔려고 하지 않는다. 남자는 아내를 위해 하는 수 없이 약을 훔쳤다.

〈반 응〉

약을 훔치는 것이 옳은 행동이라고 판단된다면, 그는 자신의 부인이 아닌 어떤 사람이어도 그와 같은 처지에 놓였을 때는 약을 훔쳐서 도와주어야 한다. 약사의 경우는 돈벌이보다 관습적인 도덕이나 법의 질서를 뛰어넘어 생명이 더 귀중하기 때문에 약을 주어야 한다.

① 순진한 쾌락주의 단계
② 착한 아이지향 단계
③ 사회계약 지향 단계
④ 보편지향 도덕성의 단계

13

다음은 김 교사가 수학의 '방정식'을 가르치는 수업과정이다. 정보처리이론의 관점에서 김 교사가 수업원리로 활용한 정보처리과정요소는?

"김 교사는 방정식을 가르치려고 한다. 방정식을 가르치기 전에 지난주에 배웠던 항등식에 관해 요점을 정리하여 제시한 다음 방정식의 주요원리와 해법을 눈에 잘 띄게 밑줄을 그어 제시하였다.

① 주의집중 ② 지각
③ 시연 ④ 부호화

14

상담 접근과 그 주요 기법을 잘못 짝지은 것은?

① 인지치료 – 왜곡된 사고를 찾아내어 보다 현실적인 사고로 대체시킨다.
② 현실치료 – 현재의 행동이 소망하는 것을 달성시키고 있는지 파악하게 한다.
③ 행동주의 – 불안을 느끼는 상황을 상상하게 하면서 동시에 이완훈련을 시킨다.
④ 교류분석 – 정신과 신체를 통합하여 자신에게 진실되게 살아갈 수 있도록 한다.

15

다음과 같은 특징을 지니고 있는 학습체제는?

○ 신경망 이론을 기초로 개발되었다.
○ 파라미터라는 정보처리 장치가 있다.
○ 광범위하게 수집한 데이터를 기반으로 사전 학습되어 주어진 질문에 문장을 답을 제공한다.

① 블렌디드 학습(blended learning)
② 온라인 인지적 도제학습(cognitive apprenticeship)
③ 온라인 시뮬레이션 학습(online-simulated learning)
④ 대화형인공지능학습(generative pre-trained transformer)

16

교수설계의 일반적 절차에서 학습내용을 효과적으로 제시하기 위해 교수매체를 선정하는 단계는?

① 분석 ② 설계
③ 개발 ④ 활용

17

다음에서 허시(P. Hersey)와 블랜차드(K. H. Blanchard)의 상황적 지도성이론에서 구성원의 성숙 수준과 효과적 지도성이 바르게 연결된 것은?

	구성원의 성숙수준	효과적인 지도성
ㄱ	대단히 낮음(M1)	낮은 과업, 높은 관계 중심 행동
ㄴ	보통보다 조금 낮음(M2)	높은 과업, 높은 관계 중심 행동
ㄷ	보통보다 조금 높음(M3)	높은 과업, 높은 관계 중심 행동
ㄹ	대단히 높음(M4)	낮은 과업, 낮은 관계 중심 행동

① ㄱ, ㄴ　　② ㄱ, ㄷ
③ ㄴ, ㄷ　　④ ㄴ, ㄹ

18

민츠버그(Mintzberg)의 조직이론에 비추어 볼 때, 다음과 같은 특성을 보이는 학교의 조직 형태는?

> 의사소통이 횡적·종적으로 잘 이루어지며, 일정한 규정과 규칙 하에 자율권을 행사하며, 교사들의 전문성을 발휘할 수 있는 민주적 조직이다.

① 단순구조형　　② 보조조직
③ 전문적 관료제　　④ 기계적 관료제

19

현행 법령에서 규정한 학교발전 기금에 대한 설명으로 옳은 것은?

① 학교발전 기금은 학교장이 조성한다.
② 학교장의 업무추진 및 판공비 지원한다.
③ 학교회계수입으로 전입하여 사용할 수 있다.
④ 학부모들에게 일정액을 할당하여 조성한다.

20

우리나라 국·공립의 초·중등학교 교원에 관한 설명으로 옳지 않은 것은?

① 교원은 법률이 정하는 바에 따라 다른 공직에 취임할 수 있다.
② 교원은 어떠한 경우라도 소속 학교의 장의 동의 없이 학원 안에서 체포되지 아니한다.
③ 교원은 경제적·사회적 지위를 향상시키기 위하여 각 지방 자치단체와 중앙에 교원단체를 조직할 수 있다.
④ 각급학교 교원의 임용권자는, 교육공무원이었던 자의 지식이나 경험을 활용할 필요가 있을 때, 교원의 자격증을 가진 사람 중에서 기간제 교원을 임용할 수 있다.

01

영교육과정(Null Curriculum)을 설명하는 사례로 가장 적절한 것은?

① 과학시간에 빛의 성질이 입자이며 파동이고 직진함 등을 알게 되었다.
② 자본주의 사회에서 반드시 필요한 경제학과 법학은 매우 소홀히 다룬다.
③ 수학 선생님의 혹독한 학습지도 방식 때문에 성적은 올랐으나 수학은 싫어하게 되었다.
④ 학교학습을 통해 반드시 성취해야 할 목표나 내용은 공식적인 문서로 만들어져 있다.

02

수행평가에 대한 설명으로 거리가 먼 것은?

① 학습한 내용, 지식, 기술, 기능 등을 행위나 결과물로 나타낸 정도를 평가하는 방법이다.
② 유형으로는 연구보고서, 포트폴리오(portfolio), 구술시험 등이 있다.
③ 평가도구의 개발이 용이하고 신뢰도가 높고 객관적으로 채점할 수 있다.
④ 학습결과뿐만 아니라 학습과정에 대한 평가도 중시하는 대안적 평가방법이다.

03

2022년 개정 교육과정의 교수-학습의 특징을 제시한 것으로 거리가 먼 것은?

① 학생참여형 수업
② 학생 맞춤형 수업
③ 디지털 기반 학습
④ 집중이수 기반 학습

04

다음의 사례에 해당하는 행동수정기법은?

> (ㄱ) 김 교사는 반 학생들에게 과제를 제시한 후 교실을 돌아다니면서, 조용히 과제를 수행하고 있는 학생에게 도서상품권을 나누어 주고 서점에서 책을 살 때 사용하도록 하였다.
> (ㄴ) 박 교사는 기말고사를 앞둔 학생들에게 시험범위는 물론 문제형식과 수험요령 등 관련 정보를 자세히 알려 주고, 시험 직전에는 심호흡을 유도하여 이들의 불안감을 해소해 주려고 노력하였다.

	(ㄱ)	(ㄴ)
①	토큰강화	체계적 둔감법
②	부적강화	심적 포화법
③	타임아웃	홍수법
④	프레맥강화	행동형성법

05

다음 중에서 에릭슨(E. Erikson)의 심리사회적 발달단계에서 청소년 시기에 해당하는 것은?

① 모든 사회관계의 기초가 형성되는 시기이다.
② 목표지향적 행동과 경쟁적인 행동이 나타난다.
③ 인지적·사회적 측면의 유용한 기술을 습득하게 된다.
④ 자신의 고유한 존재가치와 남다른 능력을 인식하게 된다.

06

다음의 상황과 스텐버그(R. Sterberg)의 삼원지능이 바르게 짝지어진 것은?

> ○ 상현이는 공부하고 있는 동안 전화수화기를 내려놓거나 방문에 '방해하지 말 것'이라는 표지를 달아놓는다.
> ○ 희영이는 한 특정한 맥락 안에서 t를 포함하는 단어를 모두 기억하는 학습을 하고 있다.
> ○ 민진이는 5개의 이차방정식을 근의 공식을 이용하여 풀고 있다.

	상현	희영	민진
①	요소적 지능	경험적 지능	상황적 지능
②	경험적 지능	요소적 지능	상황적 지능
③	상황적 지능	경험적 지능	요소적 지능
④	요소적 지능	상황적 지능	경험적 지능

07

다음 중 진로이론에 대한 설명 가운데 옳지 않은 것은?

① 홀랜드(J. Holland)의 인성이론에서는 성격유형과 직업 환경을 각각 6가지로 분류하고, 개인의 성격유형에 맞는 직업 환경을 찾아야 한다고 본다.
② 수퍼(D. Super)의 발달이론에서는 직업 선택이 부모-자녀 관계에서 형성된 개인이 성격과 욕구구조에 의해서 결정된다고 본다.
③ 파슨스(F. Parsons)의 특성요인이론에서는 능력과 흥미를 각종 검사를 통해서 평가하고, 이에 적합한 진로 선택을 하게 하는 명료하고 합리적인 과정이다.
④ 블로(P. Blau)의 사회학적 이론에 따르면 가정, 학교, 지역사회 등의 사회적 요인이 직업 선택에 큰 영향을 미친다.

08

다음의 내용과 관련된 가네와 브릭스(Gagne & Briggs)의 지적기능학습 단계는?

> ○ 물건이나 사상을 분류하는 가운데 지배되고 있는 규칙을 포함하는 것을 학습한다.
> ○ 어떤 자극류에 외견상의 특징은 다르게 되어 있더라도 공통적인 반응을 하는 학습이다.
> ○ 학습상황에서 학습자는 모양, 색깔, 위치, 수와 같은 추상적 속성에 대하여 반응할 것이 요구된다.

① 개념학습 ② 운동연합
③ 변별학습 ④ 원리학습

09

배로우즈(H. Barrows)의 문제중심학습(PBL) 방법에 대한 설명으로 가장 적절한 것은?

① 학문의 이면에 감추어진 일반적인 개념을 발견한다.
② 개별학습으로 이루어지므로 협력 학습의 기회가 없다.
③ 학생들은 탐구적인 방법을 활용하여 문제를 해결한다.
④ 정보처리이론의 영향을 받아 1990년대 이후 대두된 학습 방법이다.

10

실존주의 교육사상의 한계점을 바르게 지적한 것으로 고르면?

> ㄱ. 현대과학을 대해 지나치게 병리적인 관점에서 본다.
> ㄴ. 인생의 연속성과 비연속성의 이중성을 도외시 한다.
> ㄷ. 학습자의 흥미를 무엇에 근거하느냐가 문제이다.
> ㄹ. 인문학과 자연과학 대한 학문적 훈련을 지나치게 중시한다.

① ㄱ, ㄴ
② ㄱ, ㄷ
③ ㄴ, ㄷ
④ ㄷ, ㄹ

11

헤르바르트(J. F. Herbart)의 교육적 공헌에 대한 설명으로 옳은 것은?

① 신인문주의 사상가로 전인교육을 강조하였다.
② 교육학을 근대적 의미에서의 학문으로 정립하였다.
③ 경험론에 기반한 능력심리학의 개념을 설명하였다.
④ 교육 목적을 정당화하기 위해 헤겔의 실천철학을 활용하였다.

12

갑오개혁시기에 시행된 교육개혁에 관한 진술로 옳은 것을 모두 고르면?

> ㄱ. 외국어 교육을 위해 「외국어 학교 관제」를 제정하였다.
> ㄴ. 교원양성기관인 「한성사범학교(漢城師範學校)」를 설치하였다.
> ㄷ. 관립의 고등교육기관이 설립되어 성균관(成均館)은 폐지되었다.
> ㄹ. 「서당규칙(書堂規則)」을 제정하여 서당(書堂)을 소학교로 인가하였다.
> ㅁ. 초등단계교육 실시를 위해 「소학교령」과 「소학교규칙대강」을 제정하였다.

① ㄱ, ㄷ
② ㄴ, ㄷ
③ ㄴ, ㄹ, ㅁ
④ ㄱ, ㄴ, ㅁ

13

다음 중에서 선택적 장학 중 동료장학의 주요 특징을 설명한 것으로 옳지 않은 것은?

① 교사의 자율성과 협동성을 기초로 한다.
② 원칙적으로 교장이나 교감의 계획과 주도 하에 전개된다.
③ 학교의 형편과 교사들의 필요와 요구에 기초하여 다양하고 융통성 있게 운영된다.
④ 비슷한 문제와 관심을 갖고 있는 3~4명의 교사끼리 팀을 구성하여 협동적으로 문제를 해결한다.

14

다음 〈그림〉은 브룸(V. H. Vroom)의 기대이론에서 동기유발의 과정을 제시한 것이다. 어떤 교사의 동기의 수준을 측정하였을 때, I=0인 경우 이 교사의 동기의 정도는?

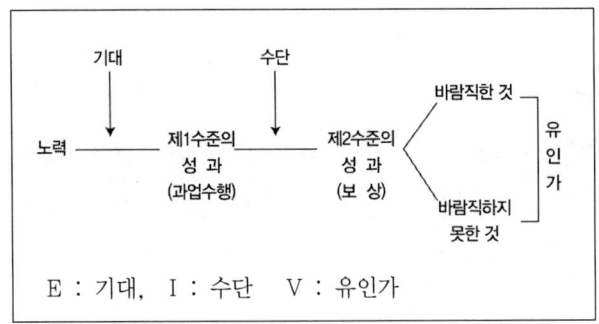

① 강한 수준일 것이다.
② 적정수준일 것이다.
③ 거의 나타나지 않을 것이다.
④ 낮은 수준으로 나타날 것이다.

15

현행 공립학교 회계규칙에 규정된 내용이 아닌 것은?

① 교육감은 매년 예산편성기본지침을 작성하여 이를 회계연도 개시 3개월 전까지 소속 학교의 장에게 시달하여야 한다.
② 교육감은 학교회계의 원활한 운영을 위하여 전입금의 총 규모 및 분기별 자금교부계획을 수립하여 이를 회계연도 개시 50일전까지 소속 학교의 장에게 통보하여야 한다.
③ 예산안의 편성에 있어서 교직원은 학교운영 및 교육활동에 필요한 경비를 기재한 예산요구서를 작성하여 학교의 장에게 제출할 수 있다.
④ 학교의 장은 회계연도마다 학교회계 세입세출예산안을 편성하여 회계연도가 시작되기 30일 전까지 학교운영위원회에 제출하여야 한다.

16

다음 중에서 테일러(F. W. Taylor)의 과학적 관리론을 따르거나 중시하는 학교관리자가 취할 가능성이 가장 높은 행동 특성은?

① 학교 구성원간의 사회·심리적 관계를 우선시한다.
② 학교교육의 목표를 모든 교원들이 협의를 통해서 결정한다.
③ 학교관리에 있어서 최소의 비용으로 최대의 효과를 강조한다.
④ 학교운영에 관한 모든 일을 교사 및 학생들과 긴밀하게 협의하여 결정한다.

17

그림은 칼슨(R. Carlson)의 봉사 조직 유형이다. 〈유형 Ⅳ〉의 설명으로 바른 것은?

		고객의 참여 결정권	
		있음	없음
조직의 고객 선택권	있음	유형 Ⅰ	유형 Ⅲ
	없음	유형 Ⅱ	유형 Ⅳ

① 이론적으로는 가능하지만 실제로 존재하기는 어렵다.
② 조직의 고객선택권 없이 누구나 참여가 가능한 조직이다.
③ 재정지원의 수준은 고객의 질과 관계없고 오직 양에만 관계한다.
④ 고객과 조직의 참여 결정권이 있어서 치열한 경쟁을 해야만 하는 조직이다.

18

「평생교육법」 내용에 관한 진술 중 옳지 않은 것은?

① 학원의 설립 및 운영에 관한 사항을 규정하고 있다.
② 직장인이 재교육을 위한 학습휴가제를 도입하고 있다.
③ 국가가 평생교육을 진흥해야 할 법률적 근거를 마련하고 있다.
④ 학교의 정규교육과정을 제외한 모든 형태의 조직적인 교육활동을 말한다.

19

다음의 관점에 근거를 제공하는 이론은?

> ○ 학습부진아로 낙인찍힌 아동들은 수업참여에 활발하지 못하며 교사로부터 보상과 칭찬을 극히 적게 받는다.
> ○ 플러시보 효과(placebo effect)는 정서적으로 반응하기 좋아하거나, 의존적이며 관습적인 경향이 있는 학생들에게 많이 나타난다.

① 저항이론
② 상징적 상호작용이론
③ 인간자본론
④ 사회구성체론

20

교육팽창에 대한 다음과 같은 주장을 한 대표적인 학자는?

- 교육은 내부 성원들에게는 정체성을 부여하고 외부인들에게 장애물이 됨으로써 지위문화를 강화하는데 있다.
- 교육적 요구에 대한 투쟁은 특권적 지위를 독점하려는 지배집단과 그 지위에 들어갈 기회를 얻으려는 종속집단간의 갈등을 유발한다.
- 우월한 지위집단이 그들의 특권적 지위를 강화하기 위해 교육적 요구를 한층 더 상승시킴에 따라 보다 낮은 사회적 지위집단도 더 많은 교육기회를 요구한다.
- 높은 지위집단과 낮은 지위집단간의 갈등은 교육을 급속히 확대시키는데 있어서 기술변화 보다 더 큰 영향력을 미친다.

① 보울즈(Bowles)　② 보르뒤외(Bourdieu)
③ 애플(Apple)　　④ 콜린스(Collins)

유길준 교육학 동형모의고사

01

교육의 기능을 '본질적 기능'과 '수단적 기능'으로 구분하였을 때, 교육의 본질적 기능에 해당하는 것은?

① 교육은 인간을 인간답게 기르는 것이다.
② 교육은 국가와 사회발전에 기여해야 한다.
③ 교육은 정치, 경제와 상호작용을 해야 한다.
④ 교육은 개인의 사회경제적 지위획득의 도구이다.

02

포스트모더니즘(Post-modernism)의 교육적 특징으로 옳은 것은?

① 교육목적으로 이성적이고 주체적 자아인을 추구한다.
② 교육내용으로 실천적 지식보다 이론적 지식을 강조한다.
③ 교육방법으로 해석적 읽기에서 해체적 쓰기로 전환을 강조한다.
④ 교육평가로 표준화 검사를 포함한 다양한 평가형식을 통합적으로 활용한다.

03

다음의 사항들과 모두 합치되는 서양 중세의 교육기관은?

> ○ 도시와 시민 계층의 발달을 배경으로 하여 발생하였다.
> ○ 학생과 교사의 동업조합(guild)을 모태로 하여 성립하였다.
> ○ 운영상 고도의 자치권(autonomy)을 향유하였다.

① 문답학교 ② 대학
③ 김나지움 ④ 대성당문법학교

04

이황(李滉 : 1501~1570)이 강조한 교육론으로 (가)와 (나)에 알맞은 말은?

> ○ (가)은(는) 도리(道理)를 우리가 마땅히 알아야 할 것으로 삼고, 덕행(德行)을 우리가 마땅히 행해야 할 것으로 삼아, 가까운 데서 공부를 시작하여, 심득궁행(心得躬行)을 기약하는 것이다.
> ○ (나)은(는) 지적 행위와 실천 행위를 보다 넓고 깊게 철저화한 개념으로 일신의 주재인 심(心)을 다시금 주재화한 정신 통일의 상태를 말한다.

　　　(가)　　　　　(나)
① 천인합일(天人合一) - 성즉리(性卽理)
② 격물치지(格物致知) - 성실(誠實)
③ 실천궁행(實踐躬行) - 입지(立志)
④ 위기지학(爲己之學) - 거경(居敬)

05

현행 「평생교육법」에 규정된 평생교육의 영역에 해당되지 않는 것은?

① 학력보완 교육　② 성인문해교육
③ 국민통합 교육　④ 인문교양교육

06

신교육사회학에 대한 설명으로 옳지 않은 것은?

① 지식사회학적 관점을 강조한다.
② 교육제도와 기능을 중점적으로 다룬다.
③ 사회평등에 대한 능력주의 관점을 비판한다.
④ 상호작용적이고 문화적인 면을 중요시한다.

07

다음 중에서 밑줄 친 ㉠과 ㉡같은 배경에서 진행된 학교교육의 팽창을 설명해 줄 수 있는 이론을 바르게 짝지은 것은?

> 1970년대 이후 우리나라는 경제개발이 본격화되어 ㉠농업 중심사회에서 공업 중심사회로 이행되면서 중등교육과 고등교육에 대한 수요가 자연스럽게 증가하였다. 특히 유교적 전통과 일제 강점기의 영향으로 우리나라 국민들이 학력(學歷)을 특정 ㉡특권적 직업이나 정치적 권력의 획득을 위한 수단으로 간주해 왔기 때문에, 시간이 지날수록 고등교육에 대한 수요는 더욱 크게 증가 하였다.

	㉠	㉡
①	기술기능 이론	지위경쟁이론
②	국민통합론	지위경쟁이론
③	학습욕구이론	기술기능이론
④	국민통합론	학습욕구이론

08

블라우(P. Blau)와 던컨(O. Duncan)이 주장하는 다음의 지위 획득 모형의 이론적 배경에 해당하는 것은?

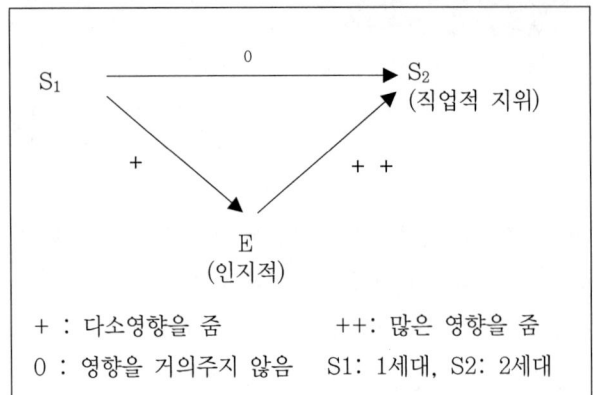

① 현실주의 ② 종속이론
③ 갈등주의 ④ 기능주의

09

피아제(J. Piaget)의 인지발달 이론에 비추어 다음과 같은 사례에 합당한 아동의 지적 특성은?

> 5살 아동에게 27개의 나무 구슬이 들어 있는 상자를 보여 주었다. 27개의 구슬은 흰 구슬이 20개, 갈색 구슬이 7개로 되어 있었다. 이 구슬들에 대해서 아동에게 흰 구슬이 더 많은지 아니면 갈색 구슬이 더 많은지를 질문 했을 경우에 아동은 분명하게 흰 구슬이라고 대답을 했지만, 다음에 그 구슬들을 가지고 흰 구슬이 더 많은지 나무 구슬이 더 많은지를 물었을 때는 아동은 그 질문을 이해하지 못했다.

① 중심화 현상 ② 대상의 영속성
③ 자기중심적 사고 ④ 보존성개념의 발달

10

다음 중에서 학습목표(learning goal)지향적인 학생들의 특성을 모두 고르면?

> ㄱ. 실수를 했을 때 그것을 인정하지 않고 당황스러워 한다.
> ㄴ. 어려운 과제에 직면했을 때 타인의 도움을 적극적으로 요청한다.
> ㄷ. 실패했을 때 자신의 노력보다는 능력의 부족에서 그 원인을 찾는다.
> ㄹ. 내재적 동기가 높으며, 도전적이고 의미 있는 과제에 가치를 부여한다.

① ㄱ, ㄴ
② ㄴ, ㄹ
③ ㄱ, ㄴ, ㄹ
④ ㄱ, ㄴ, ㄷ, ㄹ

11

스키너(B. F. Skinner)의 조작적 조건화 이론에서 다음과 같은 현상은 무엇인가?

> 아기가 엄마를 보고 "까르르"소리를 내어 웃을 때 엄마가 아기를 안아주고 예뻐하면 나중에는 다른 사람들 보고도 "까르르" 소리를 내어 웃게 된다.

① 소거
② 변별
③ 일반화
④ 자발적 회복

12

학생 상담이론에서 다음의 내용을 강조한 인물은?

> 열등감의 보상을 모든 인간이 본질적으로 추구하는 경향성으로 보았다. 많은 사람들은 보상적 노력을 통해 열등감을 극복한다는 것이다. 열등감은 하나의 동기가 되어 각 개인은 이 열등한 면을 극복하려는 노력을 하게 되고 그 결과 진보하고 성장하며 발달한다.

① 글래써(W. Glasser)
② 버언(E. Berne)
③ 로저스(C. Rogers)
④ 아들러(A. Adler)

13

내용타당도에 대해서 바르게 설명한 것은?

① 통계적인 정밀도를 요구한다.
② 학교검사에서는 사용하지 않는다.
③ 외적 준거를 활용하여 검증한다.
④ 전문가들의 논리적인 판단에 의지한다.

14

다음 중에서 잠재적 교육과정에 대한 보수적 관점을 모두 고른 것은?

> ㄱ. 잠재적 교육과정을 정치적, 경제적인 시각에서 분석하였다.
> ㄴ. 잠재적 교육과정이 사회 안정에 기여한다고 주장하였다.
> ㄷ. 잠재적 교육과정이 궁극적으로 전인교육에 기여하고 있다고 주장하였다.
> ㄹ. 잠재적 교육과정과 표면적 교육과정의 조화를 강조하였다.

① ㄱ, ㄴ
② ㄱ, ㄹ
③ ㄴ, ㄷ, ㄹ
④ ㄱ, ㄴ, ㄷ, ㄹ

15

구성주의적 관점에서 교수-학습과정의 특징을 바르게 제시한 것은?

① 기초학습 기능을 강조한다.
② 비정형화된 지식의 구조를 다룬다.
③ 평가에 있어서 총합평가를 강조한다.
④ 학습환경에 있어서 탈상황을 중시한다.

16

다음의 내용과 관련된 수업방법은?

> ○ 문제를 실제적이고 구체적으로 해결한다.
> ○ 문제는 학습자 자신이 목적을 가지고 계획에 의하여 선택되고 수정된다.
> ○ 문제 해결을 위하여 물질적 자료가 사용된다.
> ○ 개인차에 따른 활동을 가능케 한다.

① 구안법(project method)
② 상호교수(reciprocal teaching)
③ 발견학습(discovery learning)
④ 협동적 학습(Cooperative learning)

17

교육공무원의 징계에 관하여 바르게 설명한 것은?

① 정직 처분을 받은 기간은 경력 평정에서 제외된다.
② 해임을 면직 처리되며 5년간 공무원에 재임용될 수 없다.
③ 견책은 경징계에 해당하며 승진, 승급의 제한이 없다.
④ 감봉은 보수의 1/3이 감액되며 24개월간 승진, 승급이 제한된다.

18

다음의 내용이 설명하고 있는 학교경영 관리기법은?

> ○ 드러커(P. Drucker)가 소개하고, 오디온(G. Odiorne)이 체계화 하였다.
> ○ 조직 구성원의 전체적인 참여와 합의를 중시한다.
> ○ 활동의 과정과 결과에 대해 평가하며 수시로 피드백 과정을 거친다.
> ○ 학교운영의 분권화와 참여를 통해 관료화를 방지할 수 있다.

① 비용-수익분석법(Cost-Benefit Analysis)
② 목표관리법(Management by Objectives)
③ 영기준예산제(Zero-Base Budgeting System)
④ 정보관리체제(Management Information System)

19

다음 중에서 변화지향적 리더쉽의 특성에 해당하는 것을 모두 고르면?

| ㄱ. 인간존중 | ㄴ. 솔선수범 |
| ㄷ. 집단참여 허용 | ㄹ. 높은 성과 기대 |

① ㄱ, ㄴ
② ㄱ, ㄷ
③ ㄱ, ㄴ, ㄹ
④ ㄱ, ㄴ, ㄷ, ㄹ

20

교육정책 결정 모형에 대한 설명으로 바른 것은?

① 만족화 모형은 합리성의 한계를 전제하는 현실적 모형이다.
② 점증 모형은 급속한 변혁이 요구되는 사회에 적합한 정책 모형이다.
③ 합리성 모형은 직관적 판단과 초합리성을 중시하는 이상적 모형이다.
④ 최적모형은 장기적 정책과 단기적 정책을 동시에 추구할 수 있는 모형이다.

01

고려시대 교육제도의 특징을 설명한 것으로 옳은 것은?

① 고려시대의 국자감은 원칙적으로 평민도 입학이 가능했다.
② 인종은 양현고를 설치하고 국자감에 문무7재를 두어 운영하였다.
③ 성종은 유경습업제도를 통해 열악한 지방교육여건을 개선하려고 하였다.
④ 문종 때 문묘와 교육기능을 갖춘 중등교육기관이 중앙과 지방에 설립되었다.

02

그리스의 철학자 아리스토텔레스(Aristoteles)의 교육론을 바르게 설명한 것은?

① 교육은 개인의 행복을 위해서 존재하므로 사적인 교육이 중요함을 강조하였다.
② 교육은 신체단련, 습관형성, 인격교육, 이성도야의 순서로 이루어져야 한다.
③ 교육사상은 윤리적인 동시에 철학적인 측면에서 접근하고 있다.
④ 교육의 형식은 직업교육과 여가를 위한 시민교육이 조화를 이룰 수 있도록 해야 한다.

03

실존주의 사상에서 추구하는 교육적 관점을 설명한 것으로 거리가 먼 것은?

① 훌륭한 교사는 학생 각자의 특수성에 맞는 적절한 만남을 예비하는 사람이다.
② 교육은 선택할 자유와 그러한 선택의 의미와 책임에 관한 의식을 발달시키는 과정이다.
③ 학교는 대화와 토론을 통해 개인을 자유롭고 창의적이며 주체적인 인간으로 성장하도록 돕는 곳이다.
④ 학교교육에서 체벌은 선량한 인간을 기르는 방법이 아니라 노예적 기질을 기르기에 체벌해서는 안된다.

04

다음 중에서 타일러(Tyler)의 교육과정 개발 모형의 특징에 해당하는 것을 골라 바르게 묶은 것은?

> ㄱ. 지식은 사실로서 받아들이기 보다는 앎의 과정으로 받아들이고 있다.
> ㄴ. 실증주의, 경험주의, 성과주의에 바탕을 두고 교육과정의 계획과 개발에 대한 합리적 접근을 강조한다.
> ㄷ. 아동을 원하는 목적에 따라서 길러낼 수 있다는 전체주의 사상을 내포하고 있다.
> ㄹ. 진보주의적 사상을 지닌 교육학자로부터 강력한 지지를 받고 있다.

① ㄱ, ㄴ ② ㄱ, ㄷ
③ ㄴ, ㄷ ④ ㄷ, ㄹ

05

아이즈너(E. Eisner)가 제안하는 영교육과정(null curriculum)에 대한 설명으로 옳은 것은?

① 학교에서 가르쳐지는 실제적이고 구체적인 교육과정을 말한다.
② 학교에서 불필요한 내용이기 때문에 학교교육과정에서 제외된 것이다.
③ 공식적 교육과정에서 제외됨으로서 학교교육이 왜곡될 수 있는 교육과정을 말한다.
④ 수업계획 속에는 포함되어 있지 않지만 학생에게 지속적인 영향을 주는 교육과정을 말한다.

06

다음 〈그래프〉는 3-모수 모형(3parameter logistic model)에 의해 3개의 문항을 분석하여 제시한 문항특성 곡선들이다. 바르게 해석되지 못한 것은?

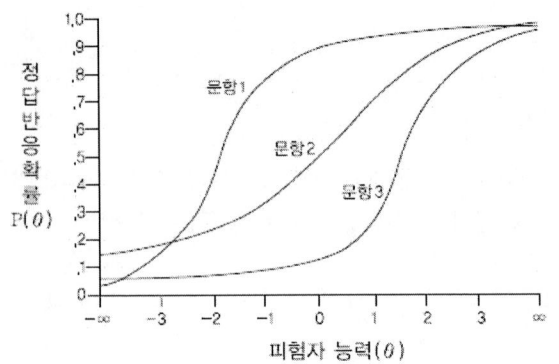

① 문항 1은 능력에 낮은 피험자에게 적절하다.
② 문항 2는 문항1에 비해 변별력이 낮은 문항이다.
③ 문항 3은 추측도를 크게 문제 삼지 않아도 된다.
④ 문항 2는 난이도가 0이므로 매우 어려운 문제이다.

07

다음 어떤 교사가 형성평가를 실시하고자 하였을 때, 그 활용이 가장 적절한 것은?

① 학습과제에 대해 학생들이 이미 알고 있는 정도를 파악하였다.
② 선택형 검사를 제작하여 오답반응의 정도를 분석하였다.
③ 전문가가 제작한 검사를 활용하여 객관성을 확보하였다.
④ 형성평가의 결과를 누적하여 총합평가의 성적에 반영하였다.

08

다음 중에서 강의식 수업이 적합한 경우는 어느 것인가?

① 실제적인 경험을 할 필요가 있을 때 적합하다.
② 장기적인 파지가 필요한 과제일 때 적합하다.
③ 지식의 전수를 주된 수업 목표로 삼을 때 적합하다.
④ 학생의 지적능력이 평균 또는 평균 이하일 때 적합하다.

09

다음 중 교수매체를 체계이고 조직으로 활용하고자 할 때, 다음과 같은 활동을 하는 단계?

> 수업에 사용하기 전에 먼저 내용을 확인하고 연습한 후 학습자들에게 미리 매체에 대한 정보를 주어야 한다. 제시 후에는 토론이나 소집단 활동 및 개별보고서 등의 사후 학습을 계획한다.

① 수업도구와 자료 활용
② 수업목표 설정
③ 학습자 참여 이끌기
④ 학습자 분석

10

다음과 같은 교사의 자극에 대한 학생의 반응에 대하여 소극적 강화(negative reinforcement)를 하고자 할 때 (가)에 가장 적절한 강화자극인 것은?

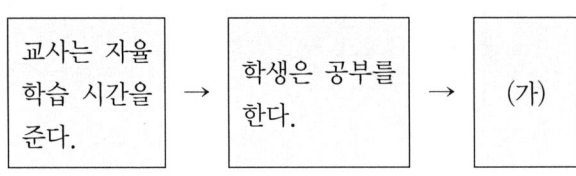

① 학습과제를 부과한다.
② 좋은 학업에 대해 칭찬을 한다.
③ 학생에게 많은 자유 시간을 준다.
④ 학생에게 숙제를 하지 않아도 된다고 말한다.

11

다음은 피아제(J. Piaget)이론의 인지발달 기제에 대한 예를 제시한 것이다. ㉠과 ㉡에 알맞은 기제는?

> ㉠ 물건을 잡아 자기에게 끌어당기는 도식을 가진 아기가 자신이 가진 도식대로 행동하였으나, ㉡ 칸막이에 걸려 가져올 수 없게 되자 이번에는 자신의 도식을 바꾸어 물건을 다른 방향으로 잡아 달리 끌어당겨 목표를 달성하였다.

	㉠	㉡
①	동화	불평형
②	조직	적응
③	동화	조절
④	동화	포섭

12

다음과 같은 목적으로 실시되는 학교 상담이론은?

> 부적절하게 결정된 생활 자세와 생활각본으로부터 해방될 수 있도록 도와주어서 자기 긍정과 타인 긍정의 생활 자세와 생산적인 새로운 생활각본을 형성할 수 있게 한다.

① 지시적 상담
② 의사거래상담
③ 개인 구념 상담
④ 형태주의 상담

13

다음의 사례에 해당하는 교육의 기회균등 개념은?

> 섬이 많이 있는 지역에 사는 철수는 최근 중학교에 진학하게 되었다. 그런데 철수가 사는 섬은 중학교가 없었다. 그래서 이웃의 큰 섬으로 학교를 다녀야 하는데 마땅한 배편이 없어서 걱정했는데 지방자치단체에서 통학을 위한 배편을 무상으로 마련해 주어 걱정을 덜게 되었다.

① 허용적 평등
② 보장적 평등
③ 조건의 평등
④ 결과의 평등

14

알뛰세(L. Althusser)가 주장하는 학교의 특징을 바르게 제시한 것은?

① 학교를 토대구조의 대응물로 결정론적 관점을 취한다.
② 국가사회의 질서유지와 사회발전에 공헌을 강조한다.
③ 지배질서를 정당화하기 위한 의식조정 장치로 규정한다.
④ 저항의식의 산실로 불평등한 사회구조 개혁 할 수 있다.

15

다음의 내용을 설명하는 데 가장 적합한 개념은?

> ○ 교사는 아동의 가정 배경과 차림새에 따라 능력에 대한 기대를 달리하였다.
> ○ 교사는 자신이 기대하는 바에 따라 아동 집단을 구분하여 각각 다르게 대하였다.

① 문화 지체(cultural lag)
② 사회적 자본(social capital)
③ 문화 실조(cultural deprivation)
④ 자성 예언(self-fulfilling prophecy)

16

뒤르껨(E. Durkheim)의 교육사회학적 입장에 대한 설명으로 옳지 않은 것은?

① 사회구조가 점진적으로 변화하면 교육해야 할 도덕이념도 변해야 한다.
② 아동의 잠재가능성을 체계적으로 개발하여 자아실현을 할 수 있도록 하는 것이다.
③ 세대가 바뀌어도 집합의식이 유지될 수 있도록 기성세대의 영향을 최대화해야 한다.
④ 교사의 권위를 세우기 위해 체벌을 해서는 안 되며, 이기적인 어린 세대에게 규율의 정신을 가르치기 위해 적절한 벌을 사용해야 한다.

17

헤즈버그(Herzberg)의 동기위생이론에 비추어볼 때, 충족되는 경우에 교사의 직무만족감 증진에 가장 크게 기여하는 것은?

① 보수
② 근무조건
③ 학생의 존경
④ 동료와의 관계

18

「교육공무원법」에 규정되어 있는 '수석교사'임용에 대한 규정으로 옳지 않은 것은?

① 수석교사는 교육부장관이 임용한다.
② 최초로 임용된 때부터 4년마다 대통령령으로 정하는 업적평가 및 연수실적 등을 반영한 재심사를 받아야 한다.
③ 수석교사는 대통령령으로 정하는 바에 따라 수업부담 경감, 수당 지급 등에 대하여 우대할 수 있다.
④ 수석교사는 임기 중에 교장·원장 또는 교감·원감 자격을 취득할 수 있다.

19

재미슨(D.W. Jamieson)과 토머스(K.W. Thomas)의 개인간의 갈등해결 방법에서 다수의 이익을 위해 양측이 상호교환과 희생을 통해 부분적으로 만족을 취함으로써 갈등을 해소하는 유형은?

① 타협형
② 동조형
③ 경쟁형
④ 협동형

20

다음 중에서 지방교육재정 교부금에 해당 되는 것을 고르면?

| ㄱ. 보통교부금 | ㄴ. 시·도 전입금 |
| ㄷ. 특별교부금 | ㄹ. 공립학교교육비 |

① ㄱ, ㄴ
② ㄱ, ㄷ
③ ㄴ, ㄹ
④ ㄷ, ㄹ

13 유길준 교육학 동형모의고사

01

다음과 같은 교육론을 주장한 서양의 교육사상가는?

> ○ 성격은 환경에 의해서 형성되는 것이며, 대부분 인간은 자기가 처한 환경의 산물이다.
> ○ 책 중심 교육보다는 실물 중심의 교육을 해야 하며, 유아학교에서는 그림, 동물, 지도 등 자연계의 실물교육을 사는 것이 좋다.
> ○ 공장법 제정운동을 통하여 12세 이하의 어린 아이들의 교육기회를 제공하는데 공헌하였다.

① 페스탈로찌(Pestalozzi) ② 프뢰벨(Fröbel)
③ 헤르바르트(Herbart) ④ 오웬(Owen)

02

조선시대 이황(李滉, 1501~1570)의 교육사상을 다음에서 골라 바르게 묶은 것은?

> ㄱ. 교육목적으로 양지양기(養志養氣)와 공(公), 근(勤), 관(寬), 신(信)을 강조하였다.
> ㄴ. 교육내용으로 태극도설, 효경과 심경, 소학, 근사록, 사서 등을 강조하였다.
> ㄷ. 학문연구방법으로 마음을 고요하게 하며 스스로 깨닫는 방법인 잠심자득(潛心自得)을 제안하였다.
> ㄹ. 변증법적 통일을 지향하는 지행병진설(知行並進設)을 주장하였다.

① ㄱ, ㄴ ② ㄴ, ㄷ
③ ㄴ, ㄷ, ㄹ ④ ㄱ, ㄴ, ㄷ, ㄹ

03

실존주의 철학의 교육관으로 옳지 않은 것은?

① 현대 교육의 보편화와 집단적인 획일화 교육을 비판한다.
② 교육의 목적은 인간 자체에 대한 탐구이며 전인교육을 강조한다.
③ 학교에서는 학생들로 하여금 가능하면 삶의 좋은 측면을 배우도록 한다.
④ 지식은 학생들의 마음을 해방시키고자 자기의 존재에 대한 이해를 촉진할 수 있는 것이라고 주장한다.

04

교육이나 심리측정에서 다루는 다양한 측정척도 가운데 다음과 같은 조건을 충족하는 측정의 척도는?

> ○ $A=A'$, $B>0$ 이면 $A+B>A'$
> ○ $A+B = B+A$
> ○ $A=A'$, $B=B'$ 이면 $A+B=A'+B'$
> ○ $(A+B)+C=A+(B+C)$

① 동간척도 ② 서열척도
③ 명명척도 ④ 비율척도

05

다음 중 실용주의(Pragmatism)의 교육론의 특징으로 바르게 진술된 것을 모두 고르면?

> ㄱ. 암기교육에서 탈피하여 실험적·과학적 태도를 중시한다.
> ㄴ. 교육방법에서 있어서 수단뿐만 아니라 과정도 중시한다.
> ㄷ. 교육의 목적과 수단은 행동과학의 결과에 따라야 한다.
> ㄹ. 개인주의적 성향을 벗어나 사회적 요구를 수용하였다.

① ㄱ, ㄴ   ② ㄱ, ㄹ
③ ㄱ, ㄴ, ㄷ   ④ ㄱ, ㄴ, ㄷ, ㄹ

06

타일러(R. Tyler)의 목표중심형 교육과정 개발 모형에서 '학습경험의 선정원리'에 해당하지 않은 것은?

① 학생들에게 불쾌하고 고통스런 학습활동이 이루어지지 않도록 한다.
② 과학에서 탐구활동을 통해 원인과 과정 및 결과를 추론해 보게 한다.
③ 건강관련 학습을 통해 건강에 관한 지식뿐만 아니라 태도 및 흥미와 실천요령을 기른다.
④ 수학에서 계산능력을 과학과 사회과에서도 사용할 수 있도록 한다.

07

교육과정의 이론적 배경 가운데 '재개념주의'의 교육과정의 지향점에 해당하지 않은 것은?

① 교육과정을 통하여 특정 집단의 가치관이 가장 보편 타당한 것으로 위장되어서는 안 된다.
② 학교교육에서 좀 더 생산적이며 경제적인 지식을 다루어야 한다.
③ 교육과정이 다루어야 한 주요 내용은 기술적인 세계보다는 정신적인 세계를 다루어야 한다.
④ 교육과정에 고착되어 있는 신화들을 밝혀내고 이로부터 학습자들을 자유롭게 해야 한다.

08

어떤 학교의 국어작문검사 수행평가 계획이 다음과 같이 수립되었다. 이 같은 수행평가 계획에서 검사의 양호도에 문제가 될 수 있는 것은?

> 제   목 : "여름 방학을 시작하며"
> 채점기준표 : 총체적 방법에 의하여 1-5단계 점수로 구분
> 채 점 자 : 채점의 공정성을 위해 2명의 채점자를 배정하였다.
>
> 채점자 A : 작문에서 글의 논리와 창의력을 중시하는 경향이 있다.
> 채점자 B : 작문에서 맞춤법, 띄어 쓰기 등을 중시하는 경향이 있다.

① 타당도   ② 실용도
③ 신뢰도   ④ 변별도

09

지능 검사에 있어서 다음과 같은 문제점을 지적하고 등장한 지능이론은?

> ○ 논리적 사고와 합리적 사고 등 서구화 기준만을 중요한 것으로 인정하는 것은 잘못이다.
> ○ 측정 가능한 내용만 측정하고 측정이 어려운 속성은 덜 중요시하는 편견을 지니고 있다.
> ○ 모든 문제는 특정한 요소나 방법에 의해 해결 가능하고 이 요소가 가장 중요하다고 믿는 편견이 있다.

① 카텔(Cattell)의 일반요인설
② 스텐버그(Sternberg)의 삼원지능이론
③ 길포드(Guilford)의 지능 구조모형
④ 가드너(Gardner)의 다중지능이론

10

다음은 반두라(Bandura)의 관찰학습과정을 나타낸 것이다. (ㄴ)에 해당하는 설명인 것은?

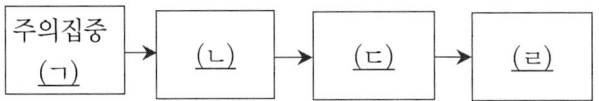

① 모델이 시범보인 직후든 또는 장차 얼마의 시간이 지난 후든 관찰한 행동을 수행할 때 안내자로 기능을 한다.
② 모델의 행동을 관찰할 때 모델이 관찰자와 비슷하다고 지각 한다면 관찰자는 모방할 가능성이 더 크다.
③ 집단 혹은 사회내에서 지위가 높고, 존경받고, 힘을 가진 사람은 모델링될 가능성이 높다.
④ 학습을 수행으로 전환시키면 유인가(incentive value)를 얻게 될 것이라는 기대를 하게 된다.

11

콜버그(Kohlberg)의 도덕성 발달이론에 근거하여 다음과 같은 특징이 나타나는 발달단계는?

○ 타인의 승인을 구하고 비난을 피하고자 준칙에 합치하는 행동을 한다.
○ 내적인 동기는 나타나지 않고 고정관념을 바탕으로 하며 상대주의나 다양성을 찾아볼 수 없다.
○ 착한 아이 지향적 이며 사회적 조화가 핵심이 되는 단계이다.

① 벌과 복종의 단계
② 욕구충족지향의 단계
③ 대인관계 조화 지향적 단계
④ 법과 질서지행의 단계

12

다음 중에서 생활지도의 기본방향을 제시한 것으로 옳지 않은 것은?

① 모든 학생을 대상으로 한다.
② 학생의 잘못에 대해 처벌을 우선한다.
③ 과학적 근거에 입각하여 지도한다.
④ 전인적 발달에 역점을 두어 지도한다.

13

인지적 도제(cognitive apprenticeship) 수업에서 활용되는 수업전략과 가장 거리가 먼 것은?

① 정교화(elaboration)
② 코칭(coaching)
③ 시범(modeling)
④ 비계(scaffolding)

14

다음과 같은 특징을 포괄하고 있는 협동학습의 모형은?

○ 4-6명의 이질적인 소집단을 구성한다.
○ 주어진 과제를 해결하도록 하는데 하나의 활동지를 가지고 활동한다.
○ 시험은 개별적으로 실시하지만 성적은 소속된 집단의 평균점수를 받게 된다.
○ 모형이 포괄적이고 일반적이기 때문에 적용에 있어서 융통성이 높다.

① 팀경쟁 학습
② 성취과제 분담모형
③ 팀보조 개별학습
④ 함께하는 학습모형

15

다음 중에서 슐츠(Schultz)의 인간자본론과 교육과의 관계를 바르게 설명한 것은?

① 교육이 개인의 경제적인 수입의 차이를 설명해 줄 수 있다.
② 경제발전과 근대화의 원동력은 교육을 통한 성취동기 육성이다.
③ 교육은 많은 투자를 요구하지만 산출은 그다지 분명하지 않다.
④ 졸업증이나 자격증은 사회계층의 귀속적 요인의 한 표현이다.

16

교육에서 보상적(補償的) 평등관에 관한 설명으로 가장 적절한 것은?

① 개인의 능력주의에 기초한 평등관이다.
② 교육을 시장 원리로 접근하려는 평등관이다.
③ 학교간의 교육조건을 동일하게 하는 평등관이다.
④ 사회경제적 지위가 낮은 집단의 교육적 결손을 해소하려는 평등관이다.

17

다음의 내용에 가장 적합한 교육행정의 개념은?

> ○ 혼자서 움직일 수 없는 돌을 두 사람 같이 하면 움직일 수 있다.
> ○ 최소의 비용으로 최대의 목적을 성취하는 합리적인 과정이다.

① 법규해석적 행정 ② 협동적 행위설
③ 정책실현설   ④ 조건정비적 행정

18

헤즈버그(Herzberg)의 '동기-위생 이론'과 관련 있는 설명인 것은?

① 인간은 자연적으로 미성숙 상태에서 성숙 상태로 발달한다.
② 인간의 욕구를 존재의 욕구, 관계성의 욕구, 성장의 욕구로 구분하였다.
③ 인간은 성악설의 X형이 있고, 성선설의 Y형이 있다.
④ 인간의 만족과 불만족은 조직생활에서 서로 다른 차원으로 나타난다.

19

현행 「초·중등교육법 및 시행령」에 규정되어 있는 학교운영위원회 구성에 대한 내용으로 옳은 것은?

① 학교장은 학교운영위원회의 당연직 교원위원이 된다.
② 지역위원은 학교장의 추천을 받아 학부모위원 및 교원위원이 무기명투표로 선출한다.
③ 국공립 초중등학교의 학교운영위원회 위원 중에서 학부모 위원을 100분의 50이상으로 한다.
④ 학교운영위원회의 위원장과 부위원장은 각 1인을 두되, 교원위원 중에서 무기명투표로 선출한다.

20

의무교육기관을 칼슨(R. Carlson)의 봉사조직의 특성에 비추어 볼 때 옳게 설명한 것은?

① 학교조직의 문화풍토가 통제 지향적이다.
② 학교조직은 비교적 직능이 세분화되어 있다.
③ 학교구성원은 강제적으로 형성되어지는 경향이 높다.
④ 같은 종류의 다른 학교집단 사이에 비교적 경쟁적인 관계가 강하다.

14 유길준 교육학 동형모의고사

01

다음과 같은 교육론을 주장한 서양의 교육사상가는?

> ○ 이상적인 교육을 받은 사람은 경건(piety)과 덕(virtue)과 지혜(wisdom)를 갖추어야한다.
> ○ 범지학(pansophia)사상을 통해 초자연적 지식은 신학과 자연적 지식의 근거인 철학을 종합하였다.
> ○ 자연의 특성인 단순성과 복잡성, 수렴과 일탈, 진화와 퇴화의 원리를 근거로, 분석적 방법, 종합적 방법, 통합적 방법을 발달시켰다.
> ○ 인종, 성별, 사회적 계층, 국적, 신체장애를 초월한 평등교육을 강조하였다.

① 코메니우스 ② 몽테뉴
② 루소 ④ 로크

02

포스트모더니즘(post-modernism)의 다문화적 관점이 주는 교육적 시사점 다음에서 모두 고르면?

> ㄱ. 교사는 모든 학생들에게 높은 학문적 기대를 갖는다.
> ㄴ. 다양한 계층의 아동의 입장에서 학습과제를 제시한다.
> ㄷ. 생태학적 요소가 충분히 고려된 학습 자료를 사용한다.
> ㄹ. 다양한 문화의 통합을 위해 표준어를 강조한다.

① ㄱ, ㄹ ② ㄴ, ㄷ
③ ㄱ, ㄴ, ㄷ ④ ㄱ, ㄴ, ㄷ, ㄹ

03

조선시대 향교(鄕校)의 교육적 특성을 설명한 것으로 바르지 않은 것은?

① 향교의 교관자격은 문과의 합격자로 하였다.
② 사묘(祠廟)를 설치하여 제향(祭享)을 행하였다.
③ 유교이념에 따른 미풍양속 정립의 기능이 있었다.
④ 양반 사족뿐 아니라 일반 평민의 자제들도 입학할 수 있었다.

04

평생학습 사회가 지향해야 하는 바를 가장 잘 나타낸 것은?

① 전통문화의 고수
② 전문가에 의한 평가 중시
③ 소유를 목적으로 하는 학습
④ 자기주도적 학습력 신장

05

다음의 내용을 설명하는 데 가장 적합한 개념은?

> ○ 교사는 아동의 가정 배경과 차림새에 따라 능력에 대한 기대를 달리하였다.
> ○ 교사는 자신이 기대하는 바에 따라 아동 집단을 구분하여 각각 다르게 대하였다.
> ○ 높은 능력 기대 집단에 속한 아동은 교사와의 상호작용이 활발해지고 성적도 좋아졌으나 낮은 능력 기대 집단에 속한 아동은 학급 활동 참여가 줄고 성적도 낮아졌다.

① 문화 실조(cultural deprivation)
② 상응 원리(correspondence principle)
③ 자성 예언(self-fulfilling prophecy)
④ 사회적 자본(social capital)

06

우리나라의 고교평준화 정책에 관한 설명으로서 가장 적합한 것은?

① 교육의 결과적 평등관에 입각한 정책이다.
② 중등교육의 보편화, 평등화라는 이념에 부합된다.
③ 지역 간의 학력 평준화를 위해 실시하는 정책이다.
④ 중등교육의 종합학교(comprehensive school)화라는 추세에 부합된다.

07

김 교사는 소, 나무, 공과 같은 단어 목록에 대한 이해를 촉진시키기 위해 "나무 둘레에 공을 쫓고 있는 소"라는 심상을 형성해 주었다. 김 교사가 사용한 수업전략에 가장 가까운 것은?

① 시연(rehearsal)
② 주의집중(attention)
③ 지각(perception)
④ 부호화(encoding)

08

학습자들의 학습동기를 유발하는 이론들이 교사들에게 주는 교육적 시사점을 바르게 제시한 것은?

① 자아개념이 긍정적인 학생들은 비교적 자신의 성공에 대해 외적으로 귀인 시키려는 성향을 지니고 있다.
② 학습의 성공과 실패를 능력으로 귀인 시키는 것은 학습 행동을 강화시키는데 도움이 된다.
③ 성취동기가 높은 학습자들은 중간정도의 난이도의 학습과제를 선택하려는 경향이 있다.
④ 목표지향성의 관점에서 학습자가 학습목표보다 수행목표를 지니는 것이 바람직하다.

09

다음 중에서 비고츠키(L. Vygotsky)이론의 기본적인 가정을 바르게 제시한 것은?

① 아동의 인지발달은 포섭적 팽창이라고 보고 있다.
② 아동의 인지발달의 개인차에 대한 관심이 적었다.
③ 아동은 혼자서 세상을 이해하고 구성하는 과학자이다.
④ 인지발달은 아동에 대한 문화 기대와 활동들을 반영한다.

10

행동주의적 상담기법을 이용하여 학생의 행동을 수정하려고 할 때 그 속성이 다른 하나를 고르면?

① 행동조형
② 모델링
③ 타임아웃
④ 토큰강화

11

다음은 철수의 국어와 수학 기말고사 결과에 대한 점수와 철수의 반 평균, 표준편차이다. 철수의 점수에 대한 해석을 바르게 한 것은?

	국어	수학
점　　수	75점	40점
평　　균	60점	20점
표준편차	15점	10점

① 원점수만으로 국어 성적이 우수하다고 판단할 수 있다.
② 표준점수인 T점수로 환산하면 국어가 우수하다.
③ 수학은 C점수로 환산할 경우 최고 등급에 해당한다.
④ 수학은 상위 1%내로 매우 우수한 성적에 해당한다.

12

다음 중에서 준거참조평가(Criterion reference evaluation)의 특징을 설명한 것으로 옳은 것은?

① 전인적인 평가활동이 가능한 평가이다.
② 곤란도 수준을 적절하게 맞추어야 한다.
③ 신뢰성에 역점을 두는 평가체제이다.
④ 평가 결과로 얻은 점수 그 자체는 의미가 없다.

13

2022년 개정교육과정의 주요 특징을 설명한 것으로 옳지 않은 것은?

① 디지털 기초소양을 강조하였다.
② 자유학기제 영역을 확대하였다.
③ 각 학교급 마다 진로 연계교육을 도입하였다.
④ 고등학교는 학점기반 선택교육과정을 채택하였다.

14

다음과 같은 주장을 뒷받침 할 수 있는 교육과정의 개념은?

> 도시생활, 정신노동, 부와 권력 등의 이유로 학부모는 자녀를 학교에 보내기를 원하지만 교육비의 급격한 증가나 학교교육의 자체의 모순 때문에 많은 학생들이 중도에 탈락되지 않으면 안 되게 되어있다. 이들 학생들은 '그들의 옷이 얼마나 남루한가를', '그들의 태도나 몸가짐이 얼마나 세련되어 있지 못한가를', 그리고 '그들이 얼마나 우둔한가를 배우게 되고' 그 결과 소수가 소유하고 있는 특권과 부를 당연한 것으로 인정하게 되며, 상대적으로 경제적인 면이나 정치적인 면에서 자신의 열등감을 자인하거나 자조하게 된다.

① 잠재적 교육과정
② 영(零)교육과정
③ 공식적 교육과정
④ 실제적 교육과정

15

켈러(J. Keller)의 ARCS 이론에서 만족감(Satisfaction)을 증진시킬 수 있는 전략을 다음에서 골라 바르게 묶은 것은?

> ㄱ. 새로 습득한 지식이나 기술을 실제 상황에 적용해 본다.
> ㄴ. 성공적 학습결과에 대한 긍정적인 피드백을 제공한다.
> ㄷ. 학습과제를 학습하는 목적에 대한 실용성을 제시한다.
> ㄹ. 교수사태의 전개 방식에 다양한 변화를 준다.
> ㅁ. 학업수행의 성취에 대한 공정한 평가를 한다.

① ㄱ, ㄴ, ㄷ
② ㄴ, ㄷ, ㄹ
③ ㄱ, ㄴ, ㅁ
④ ㄴ, ㄹ, ㅁ

16

문제기반학습(PBL)에서 교사의 역할로 옳지 않은 것은?

① 학습자들과 메타인지 수준에서 상호작용을 한다.
② 학습안내자, 조력자, 공동학습자의 역할을 한다.
③ 학습자들이 학습할 수 있는 선행 조직자를 제공한다.
④ 질문하기와 여러 형태의 수업발판(scaffolding)을 제공한다.

17

교육공무원의 '인사 관련 규정'과 관련된 설명으로 옳은 것은?

① 교육공무원의 징계 가운데 강등은 경징계에 속한다.
② 교원은 법률 규정에 근거하여 다른 공직에 취임할 수 없다.
③ 경고의 징계를 받은 교원은 승진과 승급에 제한을 둔다.
④ 교원 전직의 대표적인 사례로 교사가 장학사로 이동하는 것이다.

18

학교가 다음과 조건하에 있을 때, 활용될 수 있는 교육정책모형은?

> ○ 교육조직의 목적들이 명확하지 않다.
> ○ 교육조직의 기술이 분명하지 않다.
> ○ 교육조직에 대한 참가는 유동적이다.

① 합리적 모형(rational modal)
② 쓰레기통 모형(garbage can model)
③ 최적모형(optimal model)
④ 부분적 점진모형(disjointed incremental model)

19

음 중에서 피들러(Fiedler)의 「상황적합적 지도성 이론」에서 지도성을 결정할 '상황적 요인'에 해당하는 것을 바르게 묶은 것은?

> ㄱ. 교장이 교사들로부터 신임과 충성의 정도
> ㄴ. 교육청에서 교장에게 주어지는 과업의 정도
> ㄷ. 교장이 지니고 사회경제적 지위 및 인기정도
> ㄹ. 교장이 공적 지위를 차지함으로써 생기는 권력 정도

① ㄱ, ㄴ
② ㄱ, ㄴ, ㄹ
③ ㄴ, ㄷ, ㄹ
④ ㄱ, ㄴ, ㄷ, ㄹ

20

다음의 특징을 포괄하고 있는 장학의 유형은?

> ○ 교실사태의 직접적 관찰로부터 그 자료를 얻는다.
> ○ 교수행위 분석에 있어서 장학담당자와 교사 사이의 대면적 상호작용이 강조된다.
> ○ 교사와 장학담당자 사이의 관계 확립을 강조하고 있다.

① 임상장학
② 예술적 장학
③ 요청장학
④ 선택적 장학

15 유길준 교육학 동형모의고사

01

삼국시대 교육에 대한 설명으로 옳은 것은?

① 삼국시대 유교와 불교는 국가의 통치사상과 교육사상이 되어 유능한 관리양성을 위한 학교교육발달에 큰 영향을 주었다.
② 고구려의 태학은 우리나라 최초의 관학이며 소학(小學)과 사서오경(四書五經), 병서 등을 가르쳤다.
③ 백제의 내법좌평은 조선시대의 예조에 해당하는 관직으로 교육과 풍화를 담당했을 것으로 짐작할 수 있다.
④ 신라의 화랑도제도는 고유사상인 풍류사상(風流思想)과 공자의 충효사상(忠孝思想)을 기반으로 형성되었다.

02

서양의 고대 그리스의 철학자 아리스토텔레스(Aristoteles)의 교육관을 설명한 것으로 옳은 것은?

① 모든 사람은 성별(性別)과 사회적 지위에 관계없이 각자 자신에게 적합한 역할을 수행할 수 있도록 하는 교육을 받아야 한다.
② 절제(節制), 지혜(智慧), 정의(正義) 등은 단순히 개인으로서의 인간이 임의로 선택할 수도 있고 외면할 수도 있는 것이 아니라 인간다운 행위의 본질이라고 주장하였다.
③ 현실론자로서 절대적 진리를 부정하고 사회가 관심을 갖는 중요한 문제를 파악하고 그에 대해 정확하게 사고할 수 있는 사람을 기르고자 하였다.
④ 인간에게 있어서 본성이 달성하고자 하는 목적은 이성(理性)이며, 이를 위해 신체의 교육, 인격의 교육, 지력의 교육은 단계적으로 시행해야 한다고 주장하였다.

03

실존주의 교육에서 추구하지 않는 것은?

① 인문학 및 예술교과   ② 전인교육의 가능성
③ 주체적 진리의 확보   ④ 기술로서 교육방법

04

다음과 같은 관점을 지향하는 교육과정이론은?

○ 교육과정의 개발과 실천이 마치 공장에서 생산성 제고를 위한 노력과 다를 바가 없다.
○ 교육과정의 개혁은 항상 새롭고 현재 진행 중인 세상일과 직접 관련되며 지극히 실용적이고 효율적인 것만 추구한다.
○ 교육은 생생한 생활경험에 실제로 참여하는 것이라야 한다고 주장하고 교육의 목적은 표준화된 행동의 변화를 이루는데 있었다.

① 구성주의   ② 전통주의
③ 경험-개념주의   ④ 재개념주의

05

다음 중 학문중심 교육과정에서 학습자가 '지식의 구조를 학습했다'는 사례로 옳은 것은?

① 철수는 피타고라스 정리를 암기하기 위해 20차례 이상 반복학습을 하였다.
② 영희는 '세변의 길이가 같은 삼각형은 정삼각형'이라는 정삼각형의 정의를 암기한 후 연습문제를 풀었다.
③ 희영이는 국어 문법의 여러 요소들이 의미 있게 관련되어 존재하는 바를 전체적으로 이해하였다.
④ 하늘이는 2차 방정식의 해를 구하는데 필요한 근의 공식을 암기 하였다

07

2022년 개정교육과정에서 학교급별 개정사항이 바르게 제시되지 못한 것은?

① 초등학교에서는 기초문해능력 강화를 위해 한글해독교육을 위해 국어시간을 34시간 증배하였다.
② 중학교 자유학기에는 학생 참여 중심의 주제선택 활동과 진로 탐색 활동으로 운영하도록 하고 있다.
③ 고등학교 교육과정에서는 교육과정의 성격을 학점기반 선택과정으로 명시하였다.
④ 학교급을 막론하고 창의적 체험활동은 자율 활동, 동아리 활동, 봉사 활동, 진로활동 유지하도록 하였다.

06

수학과 검사에서 4개 문항의 반응을 나타낸 것이다. 규준참조평가(norm-referenced evaluation)에 비추어 다음의 〈표〉를 바르게 해석한 것은?

문항 학생	문항1	문항2	문항3	……	문항9	……
하늘(1)	O	O	O	…	O	……
구름(2)	O	O	×	…	O	……
바다(3)	×	O	O	…	×	……
장미(4)	×	O	O	…	O	……
영훈(5)	×	O	O	…	×	……
나무(6)	×	O	O	…	×	……

※ ( )안은 순위, O는 정답, ×는 오답

① 문항1은 곤란도를 고려할 때 쓸모없는 문항이다.
② 문항2는 변별도가 수치가 가장 양호한 상태이다.
③ 문항3은 곤란도나 변별력으로 보아 수정해야한다.
④ 문항9의 곤란도, 변별도를 고려할 때 쓸모없는 문항에 해당한다.

08

다음과 같은 방식으로 진행한 학습체제로 가장 적절한 것은?

> 학생들은 학급 홈페이지에 교사가 게시한 학습내용을 수업시간 전에 스스로 학습하였다. 교실 수업시간에는 교사의 안내에 따라 그 학습내용을 토대로 토론을 진행하였다. 수업이 끝난 후에는 교사가 제시한 토의 주제에 대하여 홈페이지 게시판에 의견을 제시하였다.

① 블렌디드 학습(blended learning)
② 메타버스 학습(metaverse learning)
③ 대화형 인공지능학습(Chat GPT learning)
④ 온라인 시뮬레이션 학습(online-simulated learning)

09

다음과 같은 활동은 어떤 협동학습(Cooperation Learning) 모형의 방법인가?

> 유 교사는 반 전체 학생을, 6명씩 7개의 모둠으로 구성하였다. 그리고 학습주제를 6개로 분류하여 각 모둠원이 하나의 주제를 선택하도록 하였다. 각 모둠 내에서 동일 주제를 선택한 학생끼리 새로운 모둠을 구성하여 해당 주제를 협동하면서 학습하였다. 해당 주제를 학습한 후 각자 최초의 자기 모둠으로 다시 모여 자신이 학습한 내용을 서로 돌아가면서 가르쳐 주었다.

① 직소모형
② 성취과제분담모형
③ 협동을 위한 협동학습
④ 토너먼트 게임형

10

다음은 에겐과 카우첵(Eggen & Kauchak)이 제안한 정보처리모형이다. (다)에 대한 설명으로 옳은 것은?

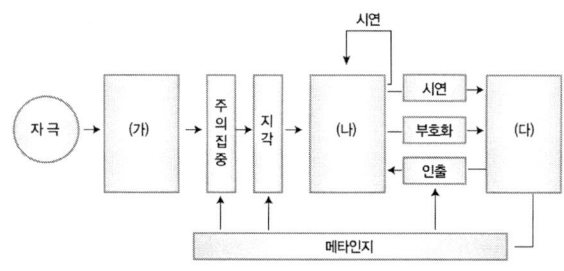

① 정보가 처리되는 과정에 대한 모니터링을 한다.
② 의미기억, 절차기억, 일상기억 등으로 구성되어 있다.
③ 정교화와 조직화를 이용하여 유의미한 정보처리를 한다.
④ 7±2의 개의 문자나 숫자를 20~30초정도 기억할 수 있다.

11

콜버그(L. Kohlberg)의 도덕성 발달이론에서 다음과 같은 특징을 포괄하는 단계는?

> ○ 자신의 욕구가 옳고 그름을 결정하는 기준이 된다.
> ○ 도덕적 행위는 자신과 타인을 만족시키는 수단이라고 생각한다.
> ○ "네가 내 등을 긁어 주었으니 나도 너의 등을 긁어 줄게."와 같은 입장에서 도덕적 판단을 한다.

① 1단계 : 벌과 복종 지향
② 2단계 : 개인적 보상 지향
③ 3단계 : 착한 소년 착한 소녀 지향
④ 4단계 : 법과 질서 지향

12

상담이론에 대한 설명으로 옳은 것은?

① 합리적 정서적 행동치료(REBT)에서는 정서적 문제를 유발하는 원인이 사건 자체 때문이라고 본다.
② 인간중심 상담이론에서는 성장을 위한 적절한 조건이 갖추어지면 누구나 자아실현을 이룰 수 있다고 본다.
③ 정신분석 상담이론에서는 '지금-여기'에 초점을 두며 접촉을 통한 자각으로 통합을 이루게 된다고 본다.
④ 게슈탈트 상담이론에서는 죽음과 비존재, 실존적 불안, 삶의 의미를 강조한다.

13

번스타인(B. Bernstein)은 사회집단에 의해 구성된 언어모형 중 어떤 모형은 학교에서 지식을 전달하는데 채택이 되고 어떤 모형은 배제되고 있다는 것을 주장하였다. 이 주장이 갖는 교육적인 의미로 옳은 것은?

① 어법의 선택은 사회적 합의에 의해 정해진 것이므로 보편성을 띤다.
② 선택적으로 정해진 어법은 아동을 차별적으로 사회화하는 도구이다.
③ 학생들의 학교 성적은 선천적인 능력에 의존하기 때문에 어법과 무관한 것이다.
④ 모든 사회구성원들이 정상적인 삶을 살아가기 위해 학교에서 선택된 어법은 필수적으로 습득해야 한다.

14

다음 중에서 우리나라 평생교육의 역사에 대한 설명으로 적합한 것을 모두 골라 바르게 묶은 것은?

> ㄱ. 야학은 한국전쟁 이후 처음 생겨났다.
> ㄴ. 1990년 독학학위취득제도에 관한 법률이 제공·공포되었다.
> ㄷ. 1995년 헌법 31조에 평생교육이 명문화 되었다.
> ㄹ. 1999년에 사회교육법이 평생교육법으로 개정되었다.

① ㄱ, ㄷ
② ㄴ, ㄹ
③ ㄱ, ㄴ, ㄹ
④ ㄴ, ㄷ, ㄹ

15

교육에서 보상적(補償的) 평등관에 대한 설명으로 가장 적절한 것은?

① 능력주의와 충돌할 가능성이 있다.
② 교육을 시장 원리로 접근하려는 평등관이다.
③ 누구에게나 취학기회를 개방해야 한다는 평등관이다.
④ 학교의 물리적 조건을 평등하게 해야 한다는 관점이다.

16

다음 중에서 문화적 지도성의 특징을 설명한 것으로 옳은 것은?

① 지도자의 도덕성과 추종자의 자기 지도성을 중요시한다.
② 추종자와 지도자간에는 교환적 상호작용을 강조하는 지도성이다.
③ 추종자들로 하여금 스스로 자율적 지도자가 되도록 시스템을 개발하고 실행하는 지도성을 말한다.
④ 학교가 추구하는 영속적 가치와 신념 및 문화의 맥을 규정하고 표현하는 고위 성직자와 같은 지도자이다.

17

학습조직(learning organization)의 구축 원리를 다음에서 모두 고르면?

> ㄱ. 개인적인 숙련   ㄴ. 정신모형 훈련
> ㄷ. 공유된 비전   ㄹ. 시스템적 사고

① ㄱ, ㄴ
② ㄱ, ㄷ
③ ㄱ, ㄴ, ㄷ
④ ㄱ, ㄴ, ㄷ, ㄹ

18

현행 초중등 교육법 및 시행령에 규정되어 있는 수업과 학기에 대한 내용으로 옳지 않은 것은?

① 수업은 주간(晝間)·전일제(全日制)를 원칙으로 한다.
② 주 5일 수업을 실시하는 경우 매 학년 220일 이상으로 하여야 한다.
③ 중학교의 장은 학기 중 한 학기 또는 두 학기를 자유학기로 지정하여야 한다.
④ 학교의 장은 교육과정의 운영상 특히 필요한 경우에는 2개 학년이상의 학생을 1학급으로 편성할 수 있다.

19

다음 중에서 목표관리법(Management by Objectives)의 특징에 대한 설명으로 옳은 것을 모두 고르면?

> ㄱ. 교직원들의 적극적인 참여로 사기와 직무만족도를 높일 수 있다.
> ㄴ. 학교조직의 관료화를 방지하여 교직의 전문성을 높일 수 있다.
> ㄷ. 학교목표 달성을 위한 교육과정 그 자체를 매우 가치로운 것으로 여긴다.
> ㄹ. 교직원의 업무부담의 가중을 초래하여 불만의 원인이 될 수 있다.

① ㄱ, ㄴ
② ㄱ, ㄴ, ㄷ
③ ㄱ, ㄴ, ㄹ
④ ㄱ, ㄴ, ㄷ, ㄹ

20

다음 중에서 학교발전 기금의 사용용도로 옳은 것을 모두 고르면?

> ㄱ. 학생복지 및 학생자치활동의 지원
> ㄴ. 학교교육시설의 보수 및 확충
> ㄷ. 교육용 기자재 및 도서의 구입
> ㄹ. 학교체육활동 기타 학예활동의 지원

① ㄱ, ㄴ
② ㄱ, ㄷ
③ ㄱ, ㄴ, ㄷ
④ ㄱ, ㄴ, ㄷ, ㄹ

01

조선시대(朝鮮時代)의 교육기관인 성균관(成均館)에 대한 설명 중 맞는 것은?

① 명륜당에서 성현의 제사와 교육을 병행하였다.
② 오늘날의 출석제도와 같은 원점제(圓點制)가 있었다.
③ 교육방법은 암기위주였으며 시험은 제술(製述)로 보았다.
④ 성균관의 신입생은 4학(四學)출신으로 제한하여 선발하였다.

02

다음에서 포스트모더니즘(Post-modernism)의 주요한 특징을 골라 바르게 묶은 것은?

> ㄱ. 이성적이고 주체적 자아인을 추구한다.
> ㄴ. 소서사적인 상대적 지식관을 추구한다.
> ㄷ. 다양성과 다원성에 맞는 교육을 강조한다.
> ㄹ. 교육방법으로 해석적 읽기를 강조한다.

① ㄱ, ㄴ
② ㄴ, ㄷ
③ ㄴ, ㄹ
④ ㄷ, ㄹ

03

어떤 교사가 소크라테스(Socrates, 469-399 B.C)의 '대화법'을 토대로 한 지식교육을 하려고 한다. 그 방법을 바르게 사용한 것은?

① 교사는 학생이 스스로 진리를 깨우칠 수 있도록 내버려 둔다.
② 학습자의 잠재의식 속에 있는 보편적 진리를 깨닫도록 안내한다.
③ 학생의 의식세계와 현실에 적합한 상대적 진리를 습득하게 한다.
④ 교사는 대화를 통하여 다른 사람들의 다양한 아이디어를 제공한다.

04

다음 중에서 개화기 민족사학 가운데 원산학사의 특징으로 옳은 것은 모두 고르면?

> ㄱ. 전통을 계승한 학교이다.
> ㄴ. 관민의 협력으로 설립 되었다.
> ㄷ. 일본에 대항하여 민족의 권익을 수호가 목적이었다.
> ㄹ. 미국에 대항하여 영어통역자 양성을 목적으로 설립되었다.

① ㄱ, ㄴ
② ㄱ, ㄷ
③ ㄱ, ㄴ, ㄷ
④ ㄱ, ㄴ, ㄷ, ㄹ

05

다음과 같은 주장에 가장 가까운 학력 상승의 이론은?

> 학교는 지배문화를 전수하는 곳이며, 하류계층의 학생들도 지배문화를 갖기 위해 학교교육을 중시할 수박에 없고(기업주들의 선호 때문에), 그 결과 학교교육은 날로 팽창될 수 밖에 없다는 설명이다.

① 지위경쟁이론
② 기술기능이론
③ 신마르크스이론
④ 국민통합론

06

신교육사회학의 교육과정에 대한 관점을 설명한 것으로 옳지 않은 것은?

① 학교교육의 교육과정이 지배집단의 이해관계를 반영하고 지배집단의 이권을 세대에 걸쳐 유지하는 실질적인 도구로 파악하고 있다.
② 학교의 교육과정이 지배집단의 자녀들의 학업성취를 용이하게 함으로써 그들의 기득권을 유지시키는데 기여하고 있다고 주장하였다.
③ 교육의 불평등 원인에 대한 연구로서, 사회평등구현을 위한 수단으로 학교교육과정에 대한 적극적 관심에 출발한 연구이다.
④ 교육과정을 통해 학교가 현대의 업적주의이념을 바탕으로 한 장래의 직업적·사회적 지위를 배분하는 사회적 선발기관으로 충실한 역할을 한다고여긴다.

07

다음 중에서 평생교육에 대한 랑그랑(P. Lengrand)의 견해와 가장 부합하는 것을 골라 바르게 묶은 것은?

> ㄱ. 사회적 인재를 선발하고 배치한다.
> ㄴ. 전문교육을 제외한 일반교양교육이다.
> ㄷ. 사회 전체가 교육의 기회를 제공한다.
> ㄹ. 교육 본질적 모습에 충실한 교육을 지향한다.

① ㄱ, ㄴ
② ㄱ, ㄹ
③ ㄴ, ㄷ
④ ㄷ, ㄹ

08

애플(M. Apple)의 다음과 같은 주장과 관련된 개념은?

> ○ 그람시(A. Gramsci)의 주장을 애플(M. Apple)이 자신의 교육사회학 이론에 활용한 것이다.
> ○ 학교는 지배 이데올로기를 정당화 하는 역할을 한다.
> ○ "학교교육이 교육의 기회를 공정하게 제공하고 능력에 따라 사회계층을 결정하게 한다."고 믿게 하는 지배력 행사 방식이다.

① 프락시스(Praxis)
② 헤게모니(hegemony)
③ 문화적응(accommodation)
④ 아비투스(havitus)

09

피아제의 인지발달 이론에 비추어 다음과 같은 특징이 나타나는 아동의 지적 특성은?

> ○ 자기가 보고자 하는 텔레비전 프로그램이 왜 다른 사람들에게는 재미가 없는지를 이해하지 못한다.
> ○ 엄마의 생일 선물로 자기가 좋아하는 것을 산다.

① 중심화 현상
② 대상의 영속성
③ 자기중심적 사고
④ 보존성개념의 발달

10

다음 중에서 비고츠키(L. Vygotsky)의 사적언어(Private speech)에 관련된 설명으로 틀린 것은?

① 자신의 사고를 조절하는데 활용된다.
② 과제난이도가 증가하면 사적언어를 많이 사용한다.
③ 8~9세가 넘어가면 들리지 않는 소리로 바뀐다.
④ 타인들과 상호의사소통이 미숙할 때 주로 사용한다.

11

다음 설명에 해당하는 개념은?

> ○ 특정 상황을 관리하는 데 필요한 행동을 학습하거나 수행할 수 있다는 자신의 능력에 대한 지각된 신념을 말한다.
> ○ 선생님의 질문에 학생 자신이 정답을 할 수 있다고 자신의 능력을 믿으면 적극적으로 손을 들어 대답할 것이고, 자신의 능력에 대해 의문을 가지면 선생님의 질문에 답하려 하지 않을 것이다.

① 자아개념(self-concept)
② 자기효능감(self-efficacy)
③ 자기조절(self-regulation)
④ 자아존중감(self-esteem)

12

다음 사례를 가장 잘 설명하는 이론은?

> 박○○가 장난삼아 던진 돌에 지나가던 아이가 부상을 입게 되었다. 이로 인해 박○○는 경찰서에 신고 되고 비행청소년으로 취급되었다. 그 이후로 박○○가 가졌던 자아정체감은 부정적으로 바뀌게 되었고, 결국은 일탈자가 되었다.

① 차별교제이론　② 사회통제론
③ 낙인이론　　　④ 아노미이론

13

다음 중 검사도구의 양호도에 대한 설명으로 적절하지 않은 것은?

① 신뢰도는 타당도의 필요조건이다.
② 검사의 객관도는 타당도의 한 종류이다.
③ 반복 시행하여 일관성 있는 검사 결과를 얻었다면 신뢰로운 검사도구이다.
④ 성취도 검사를 제작하기 전에 이원목적분류표를 작성하면 내용타당도를 높일 수 있다.

14

다음은 국어와 수학 과목에서 영희가 받은 개인 점수, 과목 평균 및 표준편차를 제시한 것이다. 두 과목의 점수 분포가 정규분포를 이루고 있을 대, 규준점수에 대한 설명으로 옳은 것은?

과목	영희의 점수	과목 평균	과목 표준편차
국어	70점	80점	10점
수학	60점	50점	10점

① 국어과목이 수학과목 보다 성적이 고르다.
② 국어성적이 수학성적에 비해서 우수하다.
③ 영희보다 국어 더 못하는 학생이 약 16%정도다.
④ 영희보다 수학을 더 잘하는 학생이 84%정도다.

15

학교에서 수학을 담당하는 박 교사는 학생들에게 제공할 학습 내용을 다음과 같은 순서로 조직하였다. 타일러(R. Tyler)의 학습경험 조직의 원리에 비추어 박 교사 활용한 원리 〈보기〉에서 모두 고르면?

> 1단계 : 변별학습　　2단계 : 개념학습
> 3단계 : 원리학습　　4단계 : 문제해결학습

〈보기〉
ㄱ. 계속성　　ㄴ. 계열성
ㄷ. 통합성　　ㄹ. 균형성

① ㄱ, ㄴ　② ㄴ, ㄷ
③ ㄴ, ㄹ　④ ㄷ, ㄹ

16

다음의 내용을 포괄하는 토론학습의 유형은?

> 서로 다른 의견이나 견해를 가진 대표자 4-5명이 각기 다른 입장에서 10-15분 정도 강연을 하고 그 후에 일반 참가자가 질문을 하거나 의견을 진술하여 종합적으로 의견을 집약하는 방법이다.

① 공개토론 ② 심포지움
③ 배심토론 ④ 버즈토론

17

「학교폭력예방 및 대책에 관한 법률」상 학교폭력의 예방 및 대책에 대한 설명으로 옳은 것은?

① 학교 밖에서 발생한 학생 간의 상해, 폭행, 협박, 따돌림 등은 이 법의 적용대상이 아니다.
② 경미한 학교폭력사건의 경우 피해학생 및 그 보호자가 학교폭력대책심의위원회의 개최를 원하지 않으면 학교의 장은 자체적으로 해결할 수 있다.
③ 학교의 장은 학교폭력의 예방 및 대책 등을 위한 교직원 및 학부모에 대한 교육을 학기별로 2회 이상 실시하여야 한다.
④ 피해학생의 보호를 위한 조치에는 학내외 전문가에 의한 심리상담 및 조언, 일시보호, 치료 및 치료를 위한 요양, 전학 등이 있다.

18

A 중학교 교사들은 다음과 형식의 교내자율장학을 하려고 한다. 이 중학교 교사들이 하고자 하는 장학의 유형은?

> 교내 자율장학을 하는 과정에서 교사들이 전문적 도움의 필요성을 느껴 장학담당자를 초청함으로써 이루어지는 장학으로 장학의 내용이나 방법면의 분류가 아니고 장학이 이루어지는 원인과 형식에 의해 분류되는 장학이다.

① 임상장학 ② 요청장학
③ 동료장학 ④ 선택적 장학

19

다음 중에서 간접 교육비에 해당하는 것을 모두 고른 것은?

> ㄱ. 학생의 납입금   ㄴ. 학용품비
> ㄷ. 교육기회비용   ㄹ. 감가상각비
> ㅁ. 교통비   ㅂ. 면세혜택

① ㄱ, ㄴ, ㄹ ② ㄱ, ㄹ, ㅁ
③ ㄴ, ㄹ, ㅁ ④ ㄷ, ㄹ, ㅂ

20

다음 중에서 국가 공무원법에 규정된 교육공무원의 의무에 해당하는 사항으로 옳지 않은 것은?

① 교원은 교육자로서 갖추어야 할 품성과 자질을 향상시키기 위하여 노력하여야 한다.
② 담당직무를 수행함에 있어서 법령을 준수하고 성실히 직무를 수행해야 한다.
③ 직무와 관련하여 사례, 증여, 향응수수를 해서는 안 된다.
④ 직무 내외를 불문하고 체면, 위신을 손상하는 행위를 해서는 안 된다.

유길준 교육학
동형모의고사

유길준 교육학 **동형모의고사**

해설편
1회~16회

동형모의고사 해설편 01

01 ········· 정답 ④

교육행정의 자주성 존중의 원리란 교육의 자주 독립성, 정치·종교적 중립성, 전문성을 지켜야 함을 의미한다. 교육행정에서 자주성이 존중되어야 하는 이유는 교육은 장기적·범국민적인 사업이며 개인의 능력을 최대로 계발하고 국가사회의 이상을 구현하려는 일대 공기업이기 때문이다.

02 ········· 정답 ③

답지 ③에서 스텐버그(R. Sternberg)는 분석력, 창의력, 실제적 능력을 포함하여 성공지능(SQ)를 제안하였다. 성공지능이 높은 사람은 세 가지 능력을 적절히 사용하는 시기와 방법을 늘 생각하는 사람을 말한다. 답지 ①에서 세계최초로 지능검사에 지능지수(IQ)를 도입한 한사람은 터먼(Terman, 1916)이며, 정신연령(MA)에 기초한 것이었다. 답지 ②의 웩슬러(D. Wechsler)는 동일연령층의 평균지능을 규준(Norm)으로 상대적 서열로 지능을 나타내는 편차Q제안하였다. 답지 ④에서 창의적 지적능력에 해당하는 확산적 사고를 지능요인에 추가한 사람은 길포드(J. Guilford, 1967)이다.

03 ········· 정답 ②

문제의 제시문에 가장 합당한 조직의 특성을 지니고 있는 학교는 답지 ②의 국·공립의 의무교육기관이다. 온상조직(사육조직 또는 순치(馴致)조직)은 조직이 법에 의해서 고객을 받아들이지 않으면 안되고, 고객도 참여하지 않으면 안된다. 고객확보를 위한 경쟁이 없으며, 재정지원의 수준도 고객의 질과 관계없고 오직 양에만 관계한다. 대표적인 교육기관으로 국·공립의 의무교육기관과 고교평준화지역의 일반계 고등학교가 여기에 해당한다.

04 ········· 정답 ①

뒤르껭(E. Durkheim)은 교육의 목적을 전체사회로서의 정치 사회화(보편사회화)와 그가 종사해야 할 특수환경의 양편에서 요구하는 지적·도덕적·신체적 제 특성을 아동에게 육성·계발(특수사회화)하는 데 있다. 사회화의 주된 목적은 사회유지와 보전에 있으며 교육과정은 사회화 과정으로 문화전수의 과정이다.

05 ········· 정답 ③

<u>아동의 반응에 대한 교사의 판단과 치료기법은 베크(A. Back)의 인지치료 기법이다.</u> 이 기법은 우울증을 치료에 사용하는 기법이었으나, 점차로 불안과 공포증을 등을 포함한 정서적 문제 전반, 그리고 사람들의 성격적 문제를 치료하는 이론으로 확장되었다. 이론적 근거로 '자동적 사고', '역기능적 인지도식', '인지적 오류'를 들 수 있다. 여기서 '자동적 사고'란 어떤 사건에 당면하면 자동적으로 떠오르는 생각을 말하는데 이러한 자동적 사고가 부정적인 내용일 경우 심리적인 문제로 이어진다. 또한 '역기능적 인지도식'이란 현실 적응에 도움이 되지 않는 내담자이 기본적인 생각의 틀과 그 내용을 말한다. 그리고 '인지적 오류'란 어떤 경험이나 사건을 해석하고 받아들이는 과정에서 생기는 추론 혹은 판단의 오류를 말하는데 문제에서 제시된 '과대일반화', '임의적 추론', '낙인찍기', 등은 인지적 오류의 대표적인 예이다.

06 ········· 정답 ②

답지 ②에서 학생들에게 목표를 달성할 수 있는 최적의 방법을 분명하게 제시하는 것은 객관주의 학습의 특징이다. 구성주의의 학습에서는 학습자의 학습에 대한 주인 의식(ownership)과 학습에의 참여 및 자기주도성을 강조한다. 그리고 학습은 구체적 상황을 대상으로 한 실제적성격의 과제(authentic task)를 대상으로 한다. 또한 학습은 일상생활에 연계되어 늘 자아성찰적 실천(reflective practice)과 다양한 견해를 지닌 동료들과의 상호작용과 협조(collaborative loaming) 속에서 풍성해지고 견고해진다.

07 ········· 정답 ①

답지 ①에서 코메니우스(J.A. Comenius, 1592~1670)는 감각적 실학주의 사상가(객관적 자연주의자)이다. 답지 ②에서 코메니우스는 6년 단위의 4단계 단선학제를 제시하여 근대학제의 기초를 제공하였다. 답지 ③에서 교육내용으로 범지식론을 주장하고 모든 분야의 지식을 두루 학습할 것을 주장하였다. 답지 ④에서 교육목표로 경건(piety)과 덕(virtue)과 지혜(wisdom)를 기르는 것이었다.

08 ········· 정답 ③

답지 ③에서 실존주의 교육철학은 <u>교육의 과학적 접근을 비판하고</u> 현대의 공장적(工匠的) 교육관과 유기적(有機的)교육관의 한계를 지적 하였다. 답지 ①에서 분석적 교육철학은 교육철학에서 제시되는 언어, 개념, 목적 등을 명료하게 하여 교육학의 학문적 객관성을 추구하였다. 답지 ②에서 비판주의 교육철학은 기술교육이나 직업교육보다 일반교육을 중시하여 삶과 역사를 올바르게 보는 시각을 키워 주는 교양교육을 강조한다. 답지 ④에서 일반교육과 전문교육의 절충을 강조한 사상은 현대 신실재주의 사상이다. 인본주의 교육철학은 교육을 통한 인간성 회복을 강조하는 사상이다.

09 ········· 정답 ④

답지 ④에서 국민내일배움카드 제도는 고용노동부에서 제공하는 것으로 취업준비생, 은퇴후 새로운 직무에 도전하고 싶은신분 들과 같이 직업훈련이 필요한 국민에게 누구에게나 300~500만을 지원해 주는 제도이다. 답지 ①의 학습휴가제는 「평생교육법」 제8

조에 규정되어 있으며, 답지 ②의 학습계좌제는 「평생교육법」 제23조(학습계좌)에 규정되어 있다. 답지 ③의 평생교육이용권은 「평생교육법」 제2조(정의), 제 16조의 2(평생교육이용권의 발급)에 규정되어 있다.

10 ········· 정답 ④

답지 ①에서 2022년 개정교육과정에서는 디지털에 관한 소양을 국어와 수학의 기초소양과 같은 수준에서 강조하고 있다. 답지 ②에서 2022년 개정교육과정에서는 학생들의 탐구능력 뿐만 아니라 여기서 파생되는 메타능력을 육성하는 것을 목표로 하고 있다. 답지 ③에서 2022년 개정교육과정에서는 토론학습, 협동학습, 탐구학습 등 학생참여형 수업을 강조하고 있다. 답지 ④에서 2022년 개정 교육과정에서는 평가에 있어서 수행평가를 내실화 하고 서술형과 논술형 평가를 확대함으로 과정과 결과를 효과적으로 평가하고 이를 토대로 학생의 학습을 지원하고 <u>교수-학습상의 문제점을 개선(결과타당도 강조)</u>하도록 하고 있다.

11 ········· 정답 ③

답지 ③에서 지방교육재정 교육금은 내국세총액의 20.79%와 교육세입 일부를 재원으로 하며, 이중에서 보통교육금은 내국세총액의 20.79%의 97%와 교육세입 일부(유아교육지원특별회계법 및 고등·평생교육지원특별회계법에서 정하는 금액을 제외)를 재원으로 하며, 특별교부금은 내국세총액의 20.79%의 3%를 재원으로 한다. 답지 ①에서 지방교육재정교부금은 지방자치단체가 교육기관 또는 교육행정기관을 설치·경영하는 데 필요한 재원의 전부 또는 일부를 국가가 교부하여 교육의 균형 있는 발전을 도모하고자 하는 제도이다. 답지 ②에서 특별교부금의 사용에 대해서는 조건을 붙이거나 용도를 제한 할 수 있다. 답지 ④에서 특별교부금의 교부에 관한 규정은 다음과 같다.

> **제5조의2(특별교부금의 교부)** ① 교육부장관은 다음 각 호의 구분에 따라 특별교부금을 교부한다.
> 1. <u>「지방재정법」 제58조에 따라 전국에 걸쳐 시행하는 교육 관련 국가시책사업으로 따로 재정지원계획을 수립하여 지원하여야 할 특별한 재정수요가 있거나 지방교육행정 및 지방교육재정의 운용실적이 우수한 지방자치단체에 대한 재정지원이 필요할 때 특별교부금 재원의 100분의 60 교부</u>
> 2. 기준재정수요액의 산정방법으로 파악할 수 없는 특별한 지역 교육현안에 대한 재정수요가 있을 때 특별교부금 재원의 100분의 30 교부
> 3. 보통교부금의 산정기일 후에 발생한 재해로 인하여 특별한 재정수요가 생기거나 재정수입이 감소하였을 때 또는 재해를 예방하기 위한 특별한 재정수요가 있는 때 특별교부금 재원의 100분의 10 교부

12 ········· 정답 ①

스터플빔(D. Stufflebeam)의 경영적 평가 모형(CIPP)모형도 역시 교육목표와 학습의 결과간의 논리적인 일관성을 유지할 수 있다는 것은 타일러(R. Tyler)와 공통점이다. 다른 점은 목표 설정에서부터 설계, 실행, 결과에 이르기까지 전체 과정의 각 단계에 적절한 평가를 수행할 것을 제안하여 평가자의 임무를 의사결정자에게 도움을 주는 것으로까지 확대 하였다. 답지 ②는 크론바흐(Cronbach)의 '연구적 접근'이며, 답지 ③은 평가의 '종합적 접근' 방식이다.

13 ········· 정답 ④

답지 ④는 태도가 아니라 운동기능이다. 가네(R. Gagne)는 학습의 결과로서 얻을 수 있는 '학습된 능력'으로 언어정보, 지적기능, 지적전략, 운동기능, 태도를 제시하였다. 그 구체적인 내용은 다음과 같다.

학습의 범주	의미
언어정보	• 언어정보학습은 특정 사실에 대한 지식을 갖도록 해준다. 언어정보를 배울 때 필요한 능력은 특정한 사실, 정보 등을 진술하는 것이다.
지적기능	• 지적기능이란 학습자가 어떤 특정 사실이나 정보를 단순히 암기만 하는 것이 아니라 그 사실이나 정보를 실제로 사용하고 적용할 수 있도록 하는 것이다.
인지전략	• 인지전략이란 학습자의 학습과정, 사고과정 및 학습행동을 규제 관리하는 학습자 내부의 조직전략이라고 할 수 있다.
운동기능	• 운동기능의 학습은 명세화된 행동을 신체적으로 실행하도록 하는 것으로 이 기능은 근육운동과 동반하는 정신적 또는 인지적 활동을 포함하고 있다.
태 도	• 태도는 어떤 사람, 사물 또는 상황에 대하여 개인이 긍정적인 또는 부정적인 성향을 나타내는 것, 즉 어떤 특정한 것을 선택하는 것으로 특징 지워진다.

14 ········· 정답 ②

톨만(Edward Chace Tolman, 1886-1959)은 신행동주의자이면서도 레빈(K. Lewin)의 장이론의 영향을 받아 인지적인 측면과 거시적 행동을 강조하므로 그의 이론을 인지론 또는 기호-형태설 등으로 부른다. 행동은 객관적으로 이해되어야 하되 그 목적에 따라 조절되고 기대나 의미와 관련됨을 인정함으로 그를 목적적 행동주의자라고도 한다. 답지 ①에서 인간의 행동은 자극에 따른 반응인데 그 반응은 의도적이며 목적적이므로 인간행동은 능동적이다. 그리고 답지 ③에서 인간의 행동은 전체적이고 거시적으로 이해되어야 한다고 전제하고 있다. 답지 ④에서 행동주의에서 말하는 보상은 학습변인이 아닌 수행변인으로 취급하고 있다.

15 ········· 정답 ①

답지 ①에서 학교폭력 예방 및 대책에 관한 법률 제12조(학교폭력대책심의위원회의 설치·기능)에 "교육지원청(교육지원청이 없는 경우 해당 시·도 조례로 정하는 기관으로 한다. 이하 같다)에 학교폭력대책심의위원회(이하 "심의위원회"라 한다)를 둔다."고 규정하고 있다. 답지 ②에서 법제13조(심의위원회의 구성·운영)에 "심의위원회는 10명 이상 50명 이내의 위원으로 구성하되, 전체위원의 3분의 1 이상을 해당 교육지원청 관할 구역 내 학교(고등학교를 포함한다)에 소속된 학생의 학부모로 위촉하여야 한다."고 규정하고 있다. 답지 ③에서 법 제12조(학교폭력대책심의위원회의 설치·기능)에 "학교폭력의 예방 및 대책, 피해학생의 보호, 가해학생에 대한 교육, 선도 및 징계, 피해학생과 가해학생 간의 분쟁조정 등을 심의 한다."규정하고 있다. 답지 ④에서 제12조(학교폭력대책심의위원회의 설치·기능)에 "심의위원회는 해당 지역에서 발생한 학교폭력에 대하여 조사할 수 있고 학교장 및 관할 경찰서장에게 관련 자료를 요청할 수 있다."고 규정하고 있다.

16 ········ 정답 ②

답지 ①에서 조선시대 서당(書堂)의 입학자격에는 천인출신이라도 제한을 두지 않았다. 천인출신의 학자로 송익필, 홍세태 등 모두 서당출신이다. 답지 ②에서 교육내용은 강독, 제술, 습자를 배웠는데, 강독은 처음에는 천자문(千字文), 동몽선습(童蒙先習), 소학(小學)등을 배웠다. 답지 ③에서 교육방법은 강(講)으로 이루어졌다. 강(講)이란 이미 배운 글을 소리 높이 읽고, 그 뜻을 질의 응답하는 교수방법이다. 강(講)은 날마다 학동의 실력에 맞게 범위를 정하여 배우고, 그날 학습량은 숙독하여 서산(書算)을 놓고 읽는 수를 세었다. 때로는 놀이를 이용하여 많은 지식을 얻게 하기도 했다. 답지 ④에서 서당(書堂)은 향촌사회에 생활근거를 둔 사족(士族)과 백성이 주체되어 설립되었다.

17 ········ 정답 ④

답지 ④에서 교육과정의 정의관점은 '교육내용으로서 교육과정', '학습경험으로서 교육과정', '의도된 학습성과로서 교육과정', '문서속에 담긴 교육계획으로서 교육과정', '실존적 체험과 반성의 관점' 등 5가지의 관점이 있다. 이 중 학습의 실제 학습활동을 교육과정의 중요한 개념적 요소로 생각하는 것은 '학습경험으로서 교육과정'인 인데, 교육과정 유형가운데 '경험중심교육과정', '인간중심교육과정'에서 강조하고 있는 관점이다. 답지 ①은 실존적 체험과 반성의 관점, 답지 ②는 교육내용의 관점, 답지 ③은 문서 속에 담긴 교육계획으로서 관점이다.

18 ········ 정답 ①

답지 ①에서 협동학습은 개별책무성, 참여의 균등성, 집단보상을 기본원리로 한다. 답지 ②, ③, ④는 전통적인 소집단 학습의 기본 전제이다. 협동학습(Cooperation Learning)은 전통적인 소집단 학습, 또는 개별학습에서 야기되는 단점을 보완하고 협력적인 상호작용을 촉진하기 위해 집단보상과 협동기술을 추가한 학습방법이다. 주어진 학습과제나 학습목표를 소집단으로 구성된 구성원들이 공동으로 노력하여 그 목표에 도달하는 방법이다.

19 ········ 정답 ②

협력형은 주장하면서 협력하는 문제해결 접근방식이다. 그리고 갈등 당사자들 각자가 모두 목적을 달성할 수 있도록 하는 행동이다. 이것은 승승접근의 사고를 가진 갈등관리방법이다. 협력이 적절한 상황을 구체적으로 제시하면 다음과 같다.

- 양자의 관심사가 매우 중요하여 통합적인 해결책만이 수용될 때
- 목표가 학습하는 것일 때
- 다른 관점을 지닌 사람들로부터 통찰력을 통합하기 위해서
- 합의와 헌신이 중요할 때
- 관계 증진에 장애가 되는 감정을 다루기 위해서

20 ········ 정답 ③

답지 ③에서 학교조직은 통제구조가 자율과 통제의 중간정도이며, 규범적인 조직이다. 또는 학교는 인간을 인간답게 기르는 조직이고 전문적 조직이므로 교사들의 도덕성과 규범적 논리 그리고 직업윤리가 통제기제의 핵심이다. 답지 ①과 ④에서 학교는 느슨한 관료제(이완체제)로 자율성이 존중되는 조직이다. 답지 ②에서 학교교육과정은 투입은 분명하나 산출물은 즉시 확인하는데 어려움이 있는 조직이다. 왜냐하면 교육의 성과는 단기적이라기보다 장기적이기 때문이다. 따라서 체제접근적 경영이론을 완벽하게 적용하는데 한계가 있다.

유길준 교육학

동형모의고사 해설편 02

01 ········· 정답 ④

답지 ④에서 교육이념은 「교육기본법」제2조에 규정되어 있다. 헌법 31조의 구체적인 내용은 다음과 같다.

> - 제1항 : 모든 국민은 능력에 따라 균등하게 교육을 받을 권리를 가진다.
> - 제2항 : 모든 국민은 그 보호하는 자녀에게 초등교육과 법률이 정하는 교육을 받게 할 의무를 진다.
> - 제3항 : 의무교육은 무상으로 한다.
> - 제4항 : 교육의 자주성, 전문성, 정치적 중립성 및 대학교육의 자율성은 법률이 정하는 바에 의하여 보장되어야 한다.
> - 제5항 : 국가는 평생교육을 진흥하여야 한다.
> - 제6항 : 학교교육 및 평생교육을 포함한 교육제도와 그 운영·교육재정 및 교원의 권위에 관한 기본적인 사항은 법률로 정한다.

02 ········· 정답 ①

답지 ①에서 콜버그(L. Kohlberg)의 도덕성 발달이론의 문제점으로는 도덕적 추론은 문화적 차이에 따라 달라질 수 있는데 5단계와 6단계는 서구적이고 개인주의를 강조하고 있다. 답지 ②에서 도덕적 추론에서 남성적 가치로 편파 되어있다. 즉, 남성이 성인까지 4단계와 5단계로 발달하는 반면 대부분의 여성은 4단계에 머문다고 주장한 것은 문제가 있다. 답지 ③에서 6단계는 훈련받은 철학자들 외에 자연스럽게 이 단계를 추론하는 사람은 거의 없다. 답지 ④에서 사회적 인습과 도덕적 쟁점을 일치시키는데 문제가 있다.

03 ········· 정답 ③

답지 ①에서 「교육활동 보호와 교원지위향상을 위한 특별법」 제12조에 교육부장관(또는 교육감)과 교섭·협의는 "교원의 처우개선, 근무조건 및 복지후생과 전문성 신장에 관한 사항을 그 대상으로 한다. 다만, 교육과정과 교육기관 및 교육행정기관의 관리·운영에 관한 사항은 교섭·협의의 대상이 될 수 없다"고 규정하고 있다. 답지 ②에서 「교육기본법」제15조(교원단체)에 "교원은 상호 협동하여 교육의 진흥과 문화의 창달에 노력하며, 교원의 경제적·사회적 지위를 향상시키기 위하여 각 지방자치단체와 중앙에 교원단체를 조직할 수 있다."고 규정하고 있다. 답지 ③과 ④에서 교원의 노동조합 설립운영에 관한 법률 제6조(교섭 및 체결권한등)는 "노동조합의 대표자는 그 노동조합 또는 조합원의 임금·근무조건·후생복지 등 경제적·사회적 지위향상에 관한 사항에 대하여 교육부장관, 시·도 교육감 또는 사립학교를 설립·경영하는 자와 교섭하고 단체협약을 체결할 권한을 가진다."고 규정하고 있다. **다만 노동쟁의권은 인정하지 않고 있다.**

04 ········· 정답 ②

답지 ②는 기능주의 사회학에서 강조하는 학교교육의 기능이다. 기능주의는 학교교육의 기능을 사회화, 사회선발, 사회통합의 긍정적인 기능을 강조한다. 특히 사회화는 보편사회화와 특수사회화로 나누어 볼 수 있다. 보편사회화 과정은 정치적 사회화로 모든 국민이 공통으로 알아야할 보편적 가치, 지식, 기능을 가르친다. 답지 ①, ③, ④는 갈등적 관점에서 학교의 기능이다.

05 ········· 정답 ③

답지 ③에서 카텔(R. Cattell)은 스페어만(C. Spearman)이 제안할 일반요인을 유동성지능과 결정성 지능으로 나누어 제시하였다. 답지 ①의 서스톤(L. Thurstone)은 일반요인의 관점에서 7개의 기본정신능력(PMA ; 언어이해요인, 수요인, 공간요인, 지각요인, 연합적 기억요인, 추리요인, 언어이 유창성)을 제안하였다. 그리고 답지 ②의 손다이크(E. Thorndike)는 지능은 일반요인과 특수요인으로 구성된 것이 아니라 고도로 특수화된 CAVD(sentence completion, arithmetic reasoning, vocabulary, direction)로 구성되어 있다고 보았으며, 형식도야설을 인정하지 않았다. 답지 ④의 길포드(J. Guilford)는 서스톤의 이론을 발전시켜 지능의 3차원의 구조모형을 제시하고 180가지의 지능요인이 있다고 주장하였다.

06 ········· 정답 ②

구안법(Projected method)은 킬패트릭(W. H. Kilpatrick)에 의해 고안된 방법으로 학생의 관념을 외부에 구체적으로 실현하기 위하여 스스로 계획을 세워 수행하도록 하는 학습지도 형태이다. 구안법의 특징으로는 사실적인 자료(물질적 자료)의 활용, 실제적이고 구체적인 활동을 통해서 현실적인 결과를 도출하며, 학습과제를 스스로 선택하여 수행하며, 개인차에 따른 활동 등이 가능하다.

07 ········· 정답 ①

답지 ①에서 목적론적 세계관을 추구한 학자는 아리스토텔레스(Aristoteles)이다. 소크라테스는 진리의 절대성과 보편성을 추구하는 절대주의 사상가로 교육목적으로 지행일치(知行一致)를 강조하고 교육방법으로 대화법을 강조하였다. 그의 철학은 논리적 철학이 아니라 실천철학으로서 의미가 크다.

08 ········· 정답 ④

답지 ④에서 경당(扃堂)은 지방의 촌락에 이르기까지 설치된 일반화된 사립학교로서 형식적 교육기관이었으므로 수준은 초등에서 고등수준이었다. 답지 ①에서 고구려의 경당(扃堂)은 장수왕의 평양천도 후 지방의 신전을 개편하여 설립된 학교로서 구당서(舊唐書)에 기록되어있다. 답지 ②에서 경당의 입학 대상은 평민의 자제와 지방에 사는 귀족자제들이 입학할 수 있었을 것으로 추측된다. 답지 ③에서 경당은 사립학교로서 독서(讀書)와 습사(習射: 활쏘기)를 교내용으로 하여 문무를 겸비한 인재를 양성하였다.

09 ········· 정답 ④

랭그랑(Paul Lengrand 1965)은 평생교육의 의미를 "개인의 출생에서 무덤에 이르는 생애에 걸친 교육과 사회전체 교육의 통합이다"라고 하였다. 따라서 평생교육은 일반교육과 전문교육을 포함하는 통합적 교육이며, 사회 전체가 교육의 기회를 제공해야 한다.

10 ········· 정답 ②

스킬벡((M. Skilbeck)은 교과정의 모형은 상황분석→목표설정→프로그램구성→해설과 실행→조정, 피드백, 평가 재구성의 역동적인 모형을 제시하고, 교과정의 개발에 있어서 상황을 분석하여 상황에 기초한 개발을 강조하였다. 보비트(F. Bobbitt)는 전통주의자, 파이너(W. Pinar)는 재개념주의자, 워커(D. Walker)는 개념-경험주의자이다.

11 ········· 정답 ③

답지 ③과 ①에서 사육조직(온상조직 또는 순치조직)이란 조직의 생존을 국가가 법에 의해서 보존해 주는 조직으로서 직업적인 안정성이 확보되어 있으나, 사회변화에 민감하게 대응하지 못한다는 약점이 있다. 답지 ③에서 고객확보를 위한 경쟁이 없으며, 재정지원의 수준도 고객의 질과 관계없이 오직 양에만 관계된다. 답지 ④에서 사육조직의 문제는 자생적 동기가 낮기 때문에 어떻게 하면 고객들의 동기를 유발시켜서 그 조직에 적응토록 하느냐에 있다.

12 ········· 정답 ①

답지 ①에서 원점수 80점을 Z점수로 환산하면 Z=80-60/10=2점이며, 백분위 점수로는 대략 97.5점이다. T점수 60점을 Z점수로 환산하면 1점이다. 따라서 원점수 80점이 가장 앞서는 점수가 된다.

13 ········· 정답 ①

인지적 도제 이론(cognitive apprenticeship)은 비고츠키(Vygotsky)의 근접발달 영역을 이론적 배경으로 한다. 수업의 일반적인 절차는 1단계(시범보이기 → 코칭→ 비계→페이딩), 2단계(명료화→반성적 사고), 3단계(탐구)로 이루어져 있다. 답지 ①의 인코딩은 정보처리이론에서 부호화의 개념이다.

14 ········· 정답 ②

정적강화는 어떤 행동에 대해 유쾌한 자극을 제공함으로써 행위빈도를 증가시키는 것이고, 부적강화란 불쾌자극을 제거해줌으로써 행위빈도를 증가시키는 것이다. 벌은 바람직하지 않은 행동을 일시적으로 제지하는 기술로서 수여성벌(직접적인 벌)과 제거성 벌(간접적인 벌)이 있다.

15 ········· 정답 ③

답지 ③에서 학교장이 교육상 필요하다고 생각할 때 징계처분 방법으로 학내 봉사, 사회봉사, 특별교육이수, 1회 10일 이내의 출석정지, 퇴학처분을 할 수 있다(시행령 제31조). 전학은 「학교폭력 예방 및 대책에 관한 법률」에 규정되어 있는 가해학생에 대한 조치 방안 중 하나이다. 답지 ①은 초중등교육법 제18조(학생징계), 답지 ②는 법 제18조 2(재심청구), 답지 ④는 시행령 제31조에 규정되어 있다.

16 ········· 정답 ②

답지 ②에서 진보주의는 상대주의를 추구하므로 교육의 목적, 교육의 형태 등의 유연성의 원리를 강조한다. 그 외 진보주의 교육의 원리는 생활중심교육, 자기활동, 문제해결학습, 교사의 안내, 협동심, 민주적 교육방식 등을 주요원리로 하고 있다. 답지 ①, ③, ④는 전통적 교육의 원리이다.

17 ········· 정답 ①

답지 ①에서 형성평가는 교수-학습이 진행되는 도중에 학습의 진단과 교정기능을 지닌다. 그 외 기능으로 학습진도 조절기능, 학습강화 기능, 교수 및 교육과정 개선기능 등이 있다. 답지 ②에서 형성평가는 학습자의 내발적 동기에 의존하는 평가체제이다. 답지 ③에서 형성평가도구는 교사제작 검사를 원칙으로 하며, 교육목표 성취에 기초한 평가를 한다. 답지 ④에서 형성평가는 세분화된 지식과 기능을 평가한다.

18 ········· 정답 ②

답지 ②에서 아동과 성인 혹은 보다 유능한 타인의 정신 기능의 상호작용은 대개의 경우 아동의 근접발달 영역(ZPD ; zone of proximal development) 안에서 일어난다. 근접발달 영역이란 아동이 혼자서 해결할 수는 없으나, 성인의 도움을 받으면 해결할 수 있는 문제해결의 범위를 말한다. 답지 ①, ③은 피아제(J. Piaget)의 인지발달 이론의 시사점이다. 답지 ④에서 피아제(J. Piaget)나 비고츠키(L. Vygotsky) 모두 학습에서 학생의 자기주도 능력을 중요시한다.

19 ········· 정답 ③

문제에서 제시된 사례의 내용은 엘리스(Ellis)가 제시하는 비합리적 상념에 해당하는 것으로 "만일 위험하거나 두려운 일이 실제로 있거나 가능성이 있을 때, 이에 대한 커다란 관심을 가져야 하며 늘 유념하고 있어야 한다"는 것으로 이것은 행동이란 비합리 적이고 비현실적이며, 비논리적이고 융통성이 결여된 사고이다. 이는 합리적·정서적·행동적 상담기법의 논박을 통해 치료가 가능하다.

20 ········· 정답 ②

목표관리(Management by Objectives)란 구성원의 참여를 통해서 활동목표를 명료화하고 체계화하여 관리의 효율성을 높이는 관리기법이다. 1954년 드로커(P. Drucker)가 「경영의 실제」에서 기업의 성패는 명확한 목표설정과 경영자의 목표관리 여하에 따라서 결정된다고 강조한데서 비롯되었다. 이를 오디온(G. Ordione)의해 일반화한데서 비롯되었다. 이를 학교조직에 적용할 경우 학교교육활동을 학교교육의 목표에 집중시킴으로써 교육의 효과성과 효율성을 높일 수 있다. 또한 교직원들의 참여로 인한 사기와 직무만족을 높일 수 있다. 그리고 이러한 기법은 학교조직의 관료화를 방지하여 교직의 전문성을 높일 수 있다.

유길준 교육학

동형모의고사 해설편

03

01 ················· 정답 ④

문제에서 제시된 「교육기본법」의 규정은 제 4조(교육의 기회균등)로 교육행정의 원리 중 '교육의 기회균등'의 원리에 해당한다. 교육의 기회균등의 원리는 모든 사람에게 교육기회를 동등하게 제공하는 원리로, 헌법 31조 1항 그리고 「교육기본법」 제4조에 규정되어 있다.

02 ················· 정답 ③

답지 ③에서 각성수준이 지나치게 높거나(불안유발) 낮으면(수면상태) 학습자의 학습행동의 능률을 저하시킨다. 따라서 학습자의 적절한 동기를 유발하고 행동의 능률성을 최대화 하기 위해서는 각성수준은 지나치게 높거나 낮지 않아야 한다. 답지 ①은 자신감 전략, 답지 ②는 친밀성 전략, ④는 주의집중 전략에 해당한다.

03 ················· 정답 ①

답지 ①에서 교육규칙을 제정하는 것은 교육감의 관장사무에 해당된다(지방자치에 관한 법률 제 20조). 답지 ②에서 현행 자치제도는 독립된 '교육위원회'를 두지 않고 있으며, 지방의회 소속의 '교육·학예 상임위원회'를 두도록 규정하고 있다. 답지 ③에서 시·도 예산안 및 결산을 최종심의·의결하는 기관은 지방의회이다. 답지 ④에서 교육감은 교육 또는 교육행정 경력이 3년 이상인 자이어야 한다(지방자치에 관한 법률 제24조).

04 ················· 정답 ②

문제의 제시문은 학교교육의 사회통합기능이다. 기능주의가 추구하는 교육의 사회적 기능은 사회통합, 사회선발, 사회충원, 문화전승 등이다. 통합은 사회유지와 안정과 관련된 것으로 지역, 계층, 인종, 문화적 차이를 극복하기 위해 학교교육과정에서 모든 사람들에게 보편적이고 공통적인 교육과정을 강조한다. 뿐만 아니라 서로 다른 계층의 아동들이 한곳에 모여 있는 학교는 다양한 문화의 교류가 이루어지며 이러한 가운데 계층문화는 점차 약화되고 국민공통문화가 확대되는 곳이기도 하다.

05 ················· 정답 ④

답지 ④에서 스페어만(C. Spearman), 서스톤(L. Thurstone), 길포드(J. Guilford), 가드너(H. Gardner)의 이론들은 개인이 지능의 내용(지적 행동에 기반한 다른 능력들)에서 어떻게 다른가를 묘사하는 경향이 있다. 그러나 **스텐버그(R. Sternberg)는 모든 사람에게 공통적으로 나타날 수 있는 사고과정을 강조 한다.** 답지 ①은 길포드(J. Guilford)의 3차원의 지능구조모형, 답지 ②는 가드너(H. Gardner)의 다중지능이론, 답지 ③은 정보처리이론, 답지 ④는 손다이크(E. Thorndike)의 다요인설이다.

06 ················· 정답 ①

문제의 제시문은 펠린사(A. Palincsar)와 브라운(A. Brown)이 독해력 지도를 위해 제안한 수업으로 상호교수(reciprocal teaching)이다. 답지 ①에서 교사는 학습초기에 전문가로서 학생들에게 시범을 보이고 점차 학습자들이 스스로 학습을 할 수 있도록 도움을 점차 줄여 간다. 수업의 일반적인 절차는 1단계 : 안내단계 → 2단계 : 교사의 시범 단계 → 3단계 : 조력단계 → 4단계 : 자기학습단계 등으로 이루어진다. **상호적 교수의 일반적인 원칙**은 다음과 같다.

> ① 교사 통제로부터 학생 책임으로 이동은 점진적이어야 한대(점진적 이동).
> ② 과제의 난이도와 책임감은 각 학생의 능력과 맞아야만 하고 능력들의 발달에 맞추어 증가되어야 한대(요구와 능력짝짓기).
> ③ 교사는 어떻게 학생이 사고하고 학생에게 필요한 교수는 어떤 종류인지에 대한 단서를 찾기 위해 각 학생의 '교수활동'을 주의 깊게 관찰해야만 한다.
> ④ 수업의 주요 요소로 요약하기, 질문하기, 명료화, 예측 등의 학습활동에 새로운 모델을 제시하여 준다.

07 ················· 정답 ③

답지 ③에서 「국가론」에서 주장한 플라톤의 교육론은 사회계급에 적절한 능력을 기르기 위한 교육을 강조하였다(계층차별적 교육). 플라톤의 교육론을 요약하면 능력에 따른 사회선발, 서구 최초의 남녀평등교육 주장, 체계적인 공교육제도, 엘리트 위주의 교육, 계층 차별적 교육 등을 주장하였다.

08 ················· 정답 ②

답지 ②에서 고려시대는 과거제도가 도입되어 학교는 과거준비기관이 되었다. 답지 ①에서 고려시대에는 문관과 기술관 위주의 교육제도가 발달하였다. 문무일치교육은 삼국시대 교육의 특징이다. 답지 ③에서 고려시대는 초중, 중등, 고등 교육의 체제가 성립되었으나 초등교육은 관립교육기관이 없었고 사립형태로 존재하였다. 답지 ④에서 고려시대는 문관과 기술관 중심으로 교육제도가 발달하였다.

09 ················· 정답 ③

답지 ③에서 미래 준비를 위한 표준교육과정은 페다고지(Pedagogy)의 특징이다. 성인교육의 특징으로는 문제중심 학습, 경험중심 학습, 자유로운 경험과 축적의 가능성, 자기주도 학습, 피드백 등이다.

10 ················· 정답 ①

문제의 제시문은 '재개념주의자'들의 주장이다. 교육과정에 관한

'재개념주의' 입장은 종래의 접근들(전통주의, 개념경험주의)에서 간과하였거나 의도적으로 무시하였던 교육내용의 이데올로기성을 분석하는데 초점을 두고 있다.

11 정답 ②

답지 ②는 통합조직에 대한 설명이다. 통합조직은 파슨스(T. Parsons)가 사회조직을 기능 중심을 분류했을 때, 법원, 분쟁조정위원회 등이 이 조직에 해당한다. 답지 ①에서 학교조직은 학교교원들이 모두 전문직이므로 전문직적 조직에 해당한다. 답지 ③은 조직화된 무질서, 답지 ④는 이완체제에 해당된다.

12 정답 ④

답지 ④에서 타일러(R. Tyler)의 목표중심형 평가는 양적 평가가 가능하다. 답지 ①에서 타일러의 평가는 행동적 목표(관찰, 측정 가능한 목표) 중심의 평가이므로 명확한 평가 기준을 제시한다. 답지 ②에서 타일러(R. Tyler)는 최초로 '교육평가'(educational evaluation)라는 용어를 공식적인 학문 용어로 사용하기 시작하였다. 답지 ③에서 타일러의 평가의 관점은 인지적 영역에 적합한 평가방법이다.

13 정답 ②

협동학습(Cooperation Learning)에서는 자아존중감 손상, 성취의 부익부현상, 집단편파 등의 문제점이 생길 수 있다. 이들 중 가장 문제가 되는 것은 **집단편파**이다. 집단편파란 상대집단이나 다른 집단의 구성원에게 적대감을 가지는 한편 자기가 속한 집단의 구성원에게 더 호감을 느끼는 것이다.

14 정답 ③

문제에서 제시된 내용은 장기기억 내의 절차기억(산출지식)에 대한 설명이다. 장기기억 내에 존재하는 여러 가지 기억(memory) 가운데 절차 기억(procedual memory)은 어떤 일이 어떻게 하는지(방법)에 관한 장기 기억으로 흔히 '산출'(Productions)지식이라고도 하면 이는 조건-행위규칙(condition-action rules)으로 표현된다. 산출은 "만약 A라는 일이 일어나면 B를 하라"와 같이 어떤 조건에서 어떤 일을 할지를 명시한다. 예를 들어, "스키를 빠른 속도로 타고 싶다면 몸을 약간 뒤로 젖혀라" 등이 여기에 해당한다(Anderson, 1990).

15 정답 ④

전직이란 교육공무원의 종별과 자격을 달리하는 임용을 말한다. 예컨대 교사, 교감, 교장이 교육전문직으로 진출한다든지, 초등교원이 중등교원으로 자리를 옮기는 것은 전직에 해당한다.

16 정답 ①

항존주의(Perennialism)는 교육목적의 동일성과 교육의 평등성을 주장한다. 즉 교육의 목적은 만인에게 동일한 것(언제나, 어디서나, 어떤 사회, 어떤 생활방식에 있어서나)이어야 한다. 이 명제는 교육의 목적이 절대적·보편적이어야 한다는 주장과 그 의미에 있어서 같은 것이다

17 정답 ②

답지 ②에서 2022년 개정 교육과정의 중학교 자유학기제는 2015년 교육과정에서 운영하였던 주제선택활동, 진로탐색활동, 예술·체육활동, 동아리활동을 **주제선택활동**, **진로탐색활동**으로 축소하여 운영하도록 하였다.

18 정답 ④

번스타인(Bernstein)은 교육과정의 조직원리로 분류와 구조의 개념을 사용하였다. 분류는 과목간, 전공분야간, 학과간의 구분을 말한다. 구조는 과목 또는 학과내 조직의 문제로 가르칠 내용과 가르치지 않을 내용의 뚜렷한 정도, 계열성의 엄격성 정도, 시간배정의 엄격성 등도 포함된다. 분류와 구조가 강하면 집합형이며, 학생상호간의 교류가 단절된다. 분류와 구조가 약하면 통합형이며 교사학생의 교육과정에 대한 자율권이 늘어나게 된다.

19 정답 ②

의사거래 분석 상담 (transactional analysis : TA)는 에릭 번(Eric Berne)에 의하여 주창되고 해리스(T. A. Harris)와 같은 계승자들에 의하여 발전된 체계적 성격이론이며 혁신적 상담이론이다. 주요기법으로는 자아상태, 심리교류, 심리게임, 각본 등을 분석한다. 답지 ①은 지시적 상담, 답지 ③은 인간중심상담, 답지 ④는 '정신분석적 상담'에 해당된다.

20 정답 ①

문제의 내용은 만족화 모형의 특징이다. 만족화 모형은 마치와 사이먼(March & Simon)이 인간의 제한된 합리성(bounded rationality)에 주의를 환기시키면서 합리성 모형을 수정하는 만족화(satisfying model)을 제시하였다. 만족화 모형은 행동과학적 접근방법으로, 정책결정자의 사회·심리적 측면을 중요시하는 기술적이고 실증적인 모형이다.

동형모의고사 해설편 04

01 ··· 정답 ②

답지 ①에서 분석철학은 바람직한 세계관이나 윤리관의 확립에 도움을 주지 못한다는 측면에서 교육학을 실천적 학문으로 체계화 하지는 못했다. 그리고 답지 ②에서 탈구조주의 1960년대 유행 했던 구조주의(전체주의)를 벗어나자는 사상으로써 포스트모더니즘 사상의 한 영역을 말한다. 이는 부분중심, 현재중심, 부분들이 갖는 생동적인 개성을 강조하는 사상이다. 답지 ③에서 실존주의는 사회과학적 차원에서 인간의 현존재를 체계적으로 분석하고 규명하지 못했다. 답지 ④에서 비판철학의 주요 관심은 산업자본주의 하의 민주주의 체제속에 숨겨져 있는 전체주의적 요소를 벗겨내어 고발하고 인간과 이성을 회복하자는데 있다.

02 ··· 정답 ②

코메니우스(Johann Amos Comenius, 1592-1670)는 17세기를 대표하는 감각적 실학주의 교육사상가이다. 저서로는 「대교수학」(Didactica Magna, 1628), 「범지식 학교」(Pansophic scholae), 「세계도회」(The World in Picture) 등을 집필하였다. 문제의 답지 ①에서 「세계도회」는 「어학입문」을 단순화하여 151가지 주제의 사물에 대해 삽화와 함께 라틴어와 모국어를 제시한 어린이용 라틴어 교과서로서, 19세기까지 세계의 많은 어린이들이 이 책을 사용하였다. 답지 ②에서 코메니우스는 초자연적인 지식인 신학과 자연적 지식의 근거인 철학을 종합하여 제시하였다. 답지 ③에서 코메니우스는 통합형 교육과정을 통해 사물들의 원인과 결과에 대한 분석, 인간 및 사물들 간의 상관관계의 원리 등을 강조하였다. 그리고 답지 ④에서 코메니우스는 교육방법면에서 자연의 사물들을 경험적·실험적인 탐구방법에 의하여 바람직한 결론을 얻을 수 있다는 점을 강조하였다.

03 ··· 정답 ③

답지 ③에서 향교의 교관은 전임교관(도호부의 교관, 종6품)그리고 훈도(군, 현의 교관, 종9품), 학장(대리교사- 군·현의 교관 담당) 등으로 구성 되어 있었다. 답지 ①에서 향교의 교육목적은 관료자원 확보와 지방민 교화였다. 답지 ②에서 향교의 교생에게는 과거의 응시자격, 생진시의 초시면제, 부·군역의 면제 등의 특권이 주어졌다. 답지 ④에서 입학자격은 양반 및 향리, 일반서민 자제로서 16세 이상을 원칙으로 하였다.

04 ··· 정답 ④

답지 ①에서 1차 조선교육령 시행시기는 충량한 일본신민의 양성, 시세와 민도에 알맞은 교육, 일본어 보급에 중점을 두었다. 그리고 교육제도는 복선형 교육제도를 지향하였다.

일본인 학교명	• 소학교(6년), 중학교(5년), 고등여학교(5년)
조선인 학교명	• 보통학교(3~4년), 고등보통학교(4년), 여자고등보통학교(3년), 실업학교(2~3년), 간이실업학교(수업연한 규정이 없음), 전문학교(3~4년)

답지 ①, ②, ③은 제2차 조선교육령 시행시기의 교육정책이었다.

05 ··· 정답 ④

답지 ④에서 우리나라 고교평준화 정책은 1973년 고교입시문제 해결을 위해 학교 간 교사와 학생을 균등 배치하여 학교간의 차이를 없애자는 것이었다. 개념상 '교육조건의 평등'으로 볼 수 있지만 실제 정책 중점을 고교입시문제해결에 두었기 때문에 교육조건을 균등화하는 것에는 큰 진전이 없었다.

06 ··· 정답 ①

답지 ①에서 평생교육법 제 31조 ②항에 의하면 **교육감**은 학교형태의 평생교육시설 중 일정 기준 이상의 요건을 갖춘 평생교육시설에 대하여는 이를 고등학교졸업 이하의 학력이 인정되는 시설로 지정할 수 있다고 규정하고 있다. 답지 ②는 평생교육법 제30조 ②항에 규정되어 있으며, 답지 ③은 평생교육법 제39조 ①항에 규정되어 있으며, 답지 ④는 평생교육법 제23조 ①항에 규정되어 있다.

07 ··· 정답 ④

답지 ①은 경제자본, ②는 인적자본, 답지 ③은 문화자본, 답지 ④는 사회적 자본에 해당된다. 사회자본(social capital)은 한 개인이 그 사회에 참여함으로써 특정한 행동을 하는 것을 가능하게 만들어 주는 사회구조 혹은 사회적 관계의 한 측면을 말한다.

08 ··· 정답 ③

답지 ③에서 재검사 신뢰도는 전후검사의 실시 간격 여부에 따라 오차 가능성이 있다. 간격이 짧으면 신뢰도가 높고, 길면 낮아진다. 재검사 신뢰도는 연습효과와 기억효과 때문에 신뢰도가 과대 추정될 가능성이 있다.

09 ··· 정답 ①

문제의 답지 'ㄱ'에서 파이데이아 교육과정(piadeai curriculum)은 아들러(M. Adler)에 의하여 철저히 항존주의 교육철학의 이념에 입각하여 구안된 교육과정이다. 답지 'ㄴ'과 'ㄷ'에서 파이데이아 교육과정은 교육의 기회균등의 문제와 관련하여 모든 학생들에게 근본적으로 똑 같은 종류의 학교교육을 실시하여야 하며, 그러기 위해서는 학교교육이 완전히 단선형 학제를 지향해야 한다는 것이다. 답지 'ㄹ'에서 파이데이아 교육과정은 기본적인 학교교육의 특징은 반드시 일반적인 교양과목으로 구성되어야 한다는 것이다. 따라서 선택과목은 극도로 제한하며, 한 과목의 세분화나 특수화를 가능한 한 피해야 한다.

10 ·· 정답 ②

교육내용의 내재적 가치는 학교에서 배우는 내용을 다른 어떤 것을 수단이기 전에 그것(지식)자체로서 가치로운 것을 말하며, 외재적 가치는 학교에서 배우는 내용이 실제 생활에 도구적으로 필요한 경우, 또한 배우지 않으면 불편한 지식을 의미한다.

11 ·· 정답 ④

문제에서 철수는 '정체감 유예'상태이며, 은성이는 '정체감 유실' 상태이다. 인간의 정체성(identity)이란 성숙한 자기정의이며 자신은 누구이며 인생에서 어디로 가고 있으며 사회에 어떻게 적합한가에 대한 인식을 말한다. 여기서 정체성 위기(identity crisis)란 청소년들이 삶에서 혼란스러울 때 경험하는 불확실성과 불편함에 대한 관점을 말한다. 마샤(J. Marcia)의 정체감 형성유형을 4가지로 구분하였다.

정체성 성취 (identity achievement)	• 신중하게 정체성 문제에 대해 생각하고 직업과 이데올로기에 확고하게 전념하는 개인을 특징짓는 지위를 말한다.
정체성 혼미 (identity diffusion)	• 자신이 누구인지에 대해 의문을 갖지 않으며 스스로 정체성에 전념하지 않은 개인을 특징짓는 정체성 지위를 말한다.
정체성 유실 (foreclosure)	• 정체성에 전념하지만 실제로 생각해보지 않고 스스로를 직업이나 이데올로기에 미숙하게 전념하는 사람을 특징짓는 정체성 지위를 말한다.
정체성 유예 (moratorium)	• 현재 정체성 위기를 경험하고 있으며 자신을 투할할 직업이나 이데올로기를 적극적으로 탐색하는 개인을 특징짓는 정체성 지위를 말한다.

12 ·· 정답 ②

문제의 사례는 고전적 조건화 이론 가운데 월페(Wolpe)의 '상호제지 이론'이며, 이 가운데 '체계적 둔감법'이다. 상호제지 이론은 양립할 수 없는 두 개의 자극을 대립시켜 하나의 자극(불쾌자극)에 의해 나타나는 공포반응을 반대되는 자극(유쾌자극)으로 제시하는 방법이다.

13 ·· 정답 ①

문제에서 제시되는 기억책략은 정교화 전략이다. 학생이 학습한 내용을 장기기억에 저장하기 위해서는 기존의 정보와 통합을 필요로 하는데, 통합을 위해 사용하는 전략으로는 정교화, 조직화, 맥락화, 이중부호화 등이 있다. 이 가운데 정교화는 청소년 시기 이전에는 거의 발견되지 않는 비교적 늦게 발달하는 기억책략이다. 정교화는 기억하고자 하는 정보에 어떤 것을 덧붙이거나 혹은 서로 의미 있는 연결을 만들에 내는 기억 책략이다.

14 ·· 정답 ①

1950년 대 정신과 의사인 글래서(William Glasser)가 창시한 현실 치료에서는 현재와 행동에 초점을 둔 이 접근법은 내담자가 자신을 정확하게 볼 수 있도록 하고 현실에 직면하게 하며 자신의 욕구를 충족시키도록 자신의 행동 결과에 책임을 지도록 하는 것이다. 그리고 정체감을 중요시하며, 이 정체감은 성공적 정체감 대 실패적 정체감으로 표현된다. 그러므로 타인의 사랑과 수용이 정체감 형성에 중요한 구실을 한다. 문제의 답지 'ㄴ'은 합리적-정서적-행동적 상담(REBT)에서 논박이며, 답지 'ㄹ'은 형태주의 상담의 기법이다.

15 ·· 정답 ②

문제에서 제시된 내용-수행의 요소는 '원리-발견'에 해당한다. 여기서 원리는 어떤 현상이 발생하는 이유에 대하여 설명하거나 또는 앞으로 일어나게 될 사태에 대하여 예측하는 것을 말한다. 그리고 원리는 사건이나 현상을 해석하기 위하여 사용한 인과관계나 상호관련성을 나타낸다. 그리고 발견은 새로운 개념이나 절차, 원리를 도출해 내거나 창안해 내는 수행을 의미한다. 메릴(M. D. Merrill)의 내용요소 전시이론은 여러 가지 복잡한 학습대상물을 한 개씩의 내용요소들로 나누어 내고, 그것의 학습수준을 결정한 다음에 내용-수행의 메트릭스를 만들고 그 각각에 적절한 교수방법을 모형으로 제시하고 있다.

16 ·· 정답 ②

배심토의(Panel Discussion)는 토의 문제에 관해 지식과 경험이 풍부한 전문가(4~6명 : Panel Member)가 사회자의 안내를 통해서 청중 앞에서 자유 토의하는 방법이다. 배심토의(패널토의)의 발표자들은 서로 이야기를 나누기에 편리하고 청중들이 쉽게 보고 들을 수 있도록 장소의 한 가운데 자리해야 한다. 문제의 답지 'ㄴ'은 단상토론(Symposium)이며, 'ㄹ'은 공개토론(Forum)이다.

17 ·· 정답 ④

답지 ①은 '조직화된 무질서'의 속성을 말한다. 답지 ②에서 관료제는 교사의 전문성과 자율성에 제한할 가능성이 높다. 답지 ③에서 관료제는 민주적 통제와 반대되는 개념으로 이해되기도 한다. 답지 ④에서 관료제의 수직적 명령체계, 법규우선의 원칙 등이 교사들의 창의력과 환경의 변화에 적응력을 약화시킨다.

18 ·· 정답 ①

호이와 미스켈(Hoy & Miskel)은 행동과학적 관점에서 개방-폐쇄의 연속선상에서 '개방적 풍토', '헌신적 풍토', '방관적 풍토', '폐쇄적 풍토'로 나누어 제시하였다. 여기서 (가)는 개방적 풍토, (나)는 방관적 풍토이다.

유형\특징	주요특징
개방적 풍토	• 교장과 교사 사이나 교사들 간에 협동과 존경이 존재한다.
헌신적 풍토	• 교장은 통제적이어서 비효과적인데 반해 교사들은 높은 전문적 성과를 보여 준다.
방관적 풍토	• 교장은 개방적·사려적·지원적이지만, 교사들은 교장의 지도성 행동을 무력화시키고 방해한다.
폐쇄적 풍토	• 교장은 일상적인 하찮은 일이나 불필요한 일을 강조하고, 교사들은 최소한으로 반응하고 거의 헌신을 보이지 않는다.

19 ······································ 정답 ③

문제의 대화에서 송 교사가 생각하는 신임교장의 경영이론적 관점을 맥그리거(McGregor)에 의해 제안된 Y이론(성선설에 근거한 관리이론)이다. 답지 ①, ②, ④는 맥그리거의 X이론(성악설에 근거한 관리이론)에 관련되어 있다.

20 ······································ 정답 ②

마이크로 티칭의 원래 의미는 실제 교실수업 장면을 고도로 압축한 수업체제라는 뜻이다. 즉 교실의 크기, 학습자의 수, 수업시간, 수업의 양 등 모든 면에서 실제의 수업을 축소하면서도 실제 수업의 모양을 갖추게 하여 똑같은 경험을 가지게 하자는 데 그 목적이 있다. 이러한 방법은 1963년 스탠포드대학에서 시작한 이후 전 세계의 교사교육 현장에 폭넓게 받아들여지고 있다. 또 이 **과정은 수업→관찰 및 분석→장학지도→재 수업**의 과정을 반복하면서 필요한 수업과정을 수정·보완해 왔다. 급격한 과학의 발달과 더불어 교육의 과정에서도 여러 가지 현대적인 기자재가 실제 이용되고 있으며, 이러한 발전은 수업과정의 분석에도 도움을 주게 되었다.

유길준 교육학

동형모의고사 해설편

05

01 ··· 정답 ③

답지 ③에서 17세기 실학사상이 발달하여 보편교육이념이 등장하였으나 교육제도는 여전히 복선제 형태로 운영되었다. 답지 ①에서 영국은 종교개혁 후 별다른 변화는 없었으나 수도원의 재산을 몰수하여 문법학교(Grammar School)설립이나 대학의 강좌 제도 창설에 사용하였다. 답지 ②에서 독일은 종교개혁 후, 중등교육에 큰 변화를 겪었다. 큰 도시 있던 중세의 도시학교(city school)들이 고전어학교로 재조직되고 그 수가 증가하였다. 그리고 제후가 관리하는 왕후학교(princes school)가 신설되었다. 답지 ④에서 19세기 서양의 공교육제도의 발달은 정치적으로 국가주의 사상에 근거한 국민통합과 계몽사상을 배경으로 하는 인간의 권리의식 증대(교육의 기회균등), 산업혁명에 따른 산업사회에 안정적인 인적 자원 공급에 관점에서 이루어졌다. 특히 산업인력 수요의 급증은 초등교육이 대중화되는 계기가 되었다.

02 ··· 정답 ④

답지 ①에서 포스트모던 사회의 비전은 진리와 합리성에 대한 탈 플라톤(Platon)적 개념 강조한다. 답지 ②에서 포스트모더니즘은 지식 교육을 포기한 것이 아니라, 지나친 지식위주의 교육에서 벗어나자는 것이다. 답지 ③에서 고귀하고 품위 있는 지성을 강조한 것은 전통적 사상이다. 답지 ④에서 포스트모더니즘의 교육방법 가운데는 '해석적 읽기 중심'에서 '해체적 쓰기 중심'으로 교육방법의 변화를 강조한다. 해체적 쓰기 방식은 교과서 내용이 담고 있는 중심적인 것에 근거하여 교과서 내용에 담겨져 있는 이원론적 대립구조를 파헤치어 나름대로 그것에 대하여 회의해 보고, 의심해 보고, 부정해 보는 방법이다.

03 ··· 정답 ①

일제강점기의 "제3차 조선교육령 시행시기" 조선 총독부의 교육정책에서 답지 ①은 보통학교를 소학교로, 고등보통학교는 중학교로, 여자고등보통학교는 고등여학교로 학교 명칭을 고쳐, 한국인을 위한 학교와 일본인을 위한 학교의 명칭을 동일하게 하였다. 답지 ②와 ④는 2차 조선교육령 시행기의 교육정책이며, 답지 ③는 4차 조선교육령 시행기의 교육정책이다.

04 ··· 정답 ②

답지 ②에서 듀이(J. Dewey)는 지성적 성장을 위해 "교육의 목적은 교육활동의 단순한 귀결이나 종결, 또는 결과만을 말하는 것이 아니라 수단-목적의 과정"이라고 하였다. 답지 ①에서 교육내용이 지성적 성장이라는 교육목적을 달성하기 위해 여러 가지 관념들로 이루어지기 때문에 **개인의 경험**이 중요한 요소가 된다. 답지 ③에서 교육자는 항상 현 세대의 학습자의 학습내용과 성인의 가치가 아닌 **학습자의 가치가 포함된 학습내용**을 주의 깊게 고려해야 한다. 답지 ④에서 듀이(J. Dewey)는 학습내용들 사이의 가치서열을 정할 수 없다고 하였다.
이는 어떤 학습 내용이든 경험 안에서 독특하고 대체 불가능한 기능을 지니고 있는 한, 어떤 학습내용이든지 삶을 풍부하게 하는 한 학습의 내용은 서로 비교할 수 없다는 것이다.

05 ··· 정답 ④

답지 ④에서 절대기준평가는 전인교육의 평가로 유용하게 활용할 수 있다. 답지 ①에서 절대기준 평가에서 「문항 변별도」는 상대평가에서 만큼 중요한 것은 아니지만 변별도 지수가 음수(-)가 나와서는 안 된다. 답지 ②에서 공정한 평가를 할 경우 상대평가의 특징에 해당한다. 답지 ③에서 절대기준 평가는 평가 결과로 얻은 원점수(raw score)는 그 자체로서 목표성취를 나타낸다.

06 ··· 정답 ②

문제의 답지 'ㄴ'에서 교육과정개발에 있어서 상황을 분석하여 상황에 기초한 교육과정 개발을 강조한 학자는 경험-경험주의자인 스킬벡(M. Skilbeck)이며, 답지 'ㄷ'에서 교육과정의 개발에 있어서 상황에 기초한 교육과정 개발과 교육과정의 현장감, 사실적인 것, 현실적인 것을 반영하려고 한 것도「개념-경험주의」사상이다. 「재개념주의」사상의 주요 연구중점은 역사적 관점에서 '기술공학적 · 행동주의적 연구'의 허구성 비판하며, 교육과정에서 이론과 실제의 의미와 이들 간의 관계를 파악하려고 하였다. 그리고 교육과정의 사회적 정치적 배경을 비판하는 접근, 교육과정에 대한 미학적 비판을 가하는 접근, 교육과정에 대한 현상학적이며 해석적인 접근, 남녀 간의 성차에 따른 사회적 불평등 문제를 다루는 여성학적 접근 등에 초점을 맞추고 있다.

07 ··· 정답 ②

문제의 제시문 'ㄱ'은 기회의 원리이다. 이는 학생들이 교육목표 달성에 필요한 학습경험을 할 수 있는 기회를 제공해야 한다는 원리이다. 문제의 제시문 'ㄴ'은 학습가능성의 원칙이다. 학습경험의 선정의 원칙과 같다.

기회의 원칙	• 학생들이 교육목표달성에 필요한 학습경험을 할 수 있는 기회를 제공
만족의 원칙	• 학생들이 학습함에 있어서 만족을 느끼는 경험을 제공.
학습가능성의 원칙	• 학습경험은 학생들이 현재 수준에서 경험이 가능한 것이어야 함 • 학습경험이 학습 가능한 것이고 학생들의 성장발달에 알맞은 것이어야 함
일목표 다경험의 원칙	• 하나의 목표를 달성하기 위해서는 여러 가지 학습경험이 필요함

| 일경험 다성과의 원칙 | • 동일한 학습경험을 통해 상이한 교육 결과(다성과-여러 목표달성) |

08 ········· 정답 ①

서술형 또는 논술형 문항은 주어진 문제에 대해 피험자가 답안을 창의적으로 계획하고 작성 하도록 된 문항으로 고등정신능력(비판력, 종합력, 창의력)을 측정하기에 적합한 문항이며, 정답을 추측해서 작성할 가능성이 거의 없다. **하지만 문항 출제수의 제한으로 문항표집의 대표성이 낮을 가능성이 있다.** 문제의 답지 ②, ③, ④는 선택형 문항의 특징에 해당한다.

09 ········· 정답 ③

문제의 사례로부터 추론해보면 선생님의 꾸중(무조건 자극 : UCS)은 철수에게 불쾌한 자극이므로 불안반응(무조건 반응 : UCR)을 야기 시켰을 것이고 이것이 국어과목(중립자극 : NS)과 짝지지어 제시되면 나중에 국어과목(CS : 조건자극)만 보면 불안반응(CR : 조건반응)을 보이게 된다.

10 ········· 정답 ④

이중부호화(Dual-coding)는 시각적인 사건이 장기기억에 저장되는 과정으로, 장기기억은 정보를 표출함에 있어 두 가지의 체계를 작동시킨다. 한 가지는 언어체계로서 통상적으로 언어로서 표현되는 지식을 담당하고, 다른 하나는 비언어적인 심상적인 체계인데, 심상체계에서 입력되는 정보는 정신적 이미지로 표현된다. 이 두 체계는 강하게 연관되며, 표현되는 정보의 상호교환이 일어난다.

11 ········· 정답 ②

문제의 답지 ①에서 인지주의의 동기이론은 내적 동기를 강조하며 동기를 유발하는 요인으로 신념, 기대와 귀인의 역할을 강조한다. 답지 ②에서 헐(Hull)의 충동감소이론은 동기는 충동을 감소하려는 쪽으로 유발이 된다는 것이다. 따라서 두 사람이 **다른 충동**을 갖고 있는 경우, **다른 충동에 맞는 보상**을 제공하면 충동이 감소된다. 답지 ③에서 정신분석적 동기이론은 심층심리학적 접근으로 생명과 성장을 증진시키는 삶의 본능과 파괴를 밀어내는 죽음의 본능을 인간의 동기라고 하였다. 답지 ④에서 인간주의 동기이론은 매슬로(Maslow)의 욕구계층이론이 대표적이다. 인본주의 동기이론은 내발적 동기의 중요성을 강조하고 자기존중이나 자아실현의 욕구를 인간의 중요한 동기요인으로 보았다.

12 ········· 정답 ①

답지 ①에서 무조건적 존중(unconditioned positive regard)이란 인간의 존재, 인간의 제특성, 인간의 구체적인 행동을 수용하는 것을 의미한다. 즉, 신체적 성격, 지적·도덕적 학업의 성취, 행동, 가치관, 종교, 가정적 조건, 교우관계, 장래의 희망, 이데올로기 등 어떠한 상태에 있든 간에 친절히 용납하여 받아주는 행위를 말한다. 수용은 내담자 자신의 문제나 처지를 숨기지 않고 토로하도록 하고 상담자를 믿고 의지할 수 있도록 하는 조건이 된다.

13 ········· 정답 ③

문제의 수업사례는 오수벨(D. Ausubel)의 설명식 수업(연역적 수업)의 도입 단계에서 선행조직자를 제시하고 있다. 오수벨(D. Ausubel)의 설명식 수업이론에 근거한 대표적인 수업모형은 선행조직자 모형이다. 이모형은 3단계로 되어 있는데 1단계는 선행 조직자를 예시하는 단계이며, 2단계는 학습과제나 자료를 제시한다. 3단계는 인지구조를 강화를 강화하는 단계이다. 여기서 선행조직자는 수업의 도입단계에서 일종의 도입자료로서 학습과제 그 자체보다는 더 포괄적이고 추상적인 개념이나 아이디어 혹은 명제이다.

14 ········· 정답 ④

답지 ④는 객관주의 관점의 '정보처리이론'에 근거한 수업방법이다. 문제기반 학습은 탐구학습의 한 종류로서 대표적인 구성주의 수업형태이다. 수업은 문제제기나 질문으로 시작하며, 문제를 해결하는 것이 수업의 초점이다. 그리고 학생들은 문제를 조사하고 방략을 고안하고, 그리고 해결책을 발견하는 책임을 진다. 한편 교사는 질문하기와 다른 형태의 수업발판(instruction scaffolding)을 통해 학생들의 노력을 지도한다.

15 ········· 정답 ③

답지 ③에서 공식적으로 권위가 인정되는 교육적 행위에 계급지배의 의도가 **구체적 가시적으로 들어나 있는 것이 아니라 암암리에 (잠재적으로)**행사되고 있다는 것이다. 보르디외(P. Bourdieu)에 따르면 자본주의 사회의 교육제도는 계급에 따른 문화적 자본의 분배구조를 재생산함으로써 계급간의 권력관계와 상징관계의 구조를 재생산하는데 기여하고 있다고 주장한다. 학교는 문화전횡(계급적 차이를 무시하고 특정계급의 하비투스적 문화 모든 계급의 아동들에게 강요하는 것)이 자행되는 곳이다. 그는 문화적 자의성에 의해 사회질서를 유지하는 것은 물리적 강제의 결과가 아니라 상징적 폭력(Symbolic violence)의 표현에 불과하다고 주장하였다.

16 ········· 정답 ①

답지 ①에서 중산층이 많이 거주하는 강남지역에서 서울대 진학률이 높은 것은 교육의 조건(교사의 자질, 교육시설, 교육과정)으로 설명하기가 쉽지 않다. 콜만 보고서에 의하면 교육조건이 학업성취에 미치는 영향력을 미미한 것으로 지적되고 있으며, 오히려 가정배경이 가장 강력한 변인이라는 점을 지적하였다.

17 ········· 정답 ②

학습 조직(learning organization)이란 일상적으로 학습을 계속 진행해나가며 스스로 발전하여, 환경 변화에 빠르게 적응할 수 있는 조직이다. 구조조정, 직무 재설계 등 기존의 경영혁신 전략들이 단발성으로 끝나는 한계를 지니고 있었다. 지속적인 혁신의 필요성이 높아짐에 따라 학습 조직이라는 개념이 등장하였다. 학습조직에 대한 학자들의 정의를 소개하면 다음과 같다.

- 학습조직이란 모든 구성원들의 학습을 촉진하고 계속적으로 자신을 변혁시켜 나가는 조직이다(M. pedler, J. Burgoyne, T. Boydell).
- 학습조직이란 구성원들이 진정으로 원하는 결과를 창조하기 위한 능력을 계속적으로 확장하고, 새롭고 확장적인 혁신체계가 성숙되며, 집단적인 열망이 자유롭게 표출되고, 구성원들이 함께 학습하는 방법을 계속적으로 배우는 조직이다(P. Senge).
- 학습조직이란 지식을 창조하고 획득하고 이전하는 데 능숙하며, 또한 새로운 지식과 통찰을 반영하여 자신의 행동을 변화시키는 데 능숙한 조직이다(D. Garvin).

18 ········· 정답 ②

변화지향적 지도성에서 지적자극은 창의성의 문제를 말하는 것으로 변혁적 지도자는 새로운 방법으로 상황에 접근하고 문제를 재조직하며 가정을 의심해 봄으로써 구성원들을 창의적이고 혁신적이 되도록 자극한다. 또한 새로운 절차와 프로그램으로 문제해결에서 창의성을 조성한다. 어떤 일을 하는데 있어서 고정된 낡은 방법을 제거하며 구성원들의 실수에 대해서 공개적으로 비난하지 않는다.

19 ········· 정답 ④

헤즈버그(Herzberg)의 동기-위생이론에서 는 만족과 불만족을 별개의 차원으로 설명한다. 만족을 증진시키는 요인으로 동기요인을, 불만족을 예방하는 요인으로 위생요인을 제안하였다. 문제의 답지 'ㄱ', 'ㄴ'은 위생요인에 해당한다. 답지 'ㄷ'에서 이 이론이 학교 경영에 주는 시사점은 불만족요인의 예방적 조건을 갖춘 후 동기요인을 촉진하는 것이다. 답지 'ㄹ'에서 직무확장(풍요화)은 동기요인에 해당한다. 답지 'ㅁ'은 불만요인의 예방적 조건을 갖춘 후 동기요인을 촉진한다.

20 ········· 정답 ①

문제에서 제시된 장학의 모형은 「인간자원장학」이다. 인간자원장학은 인간의 무한한 잠재력을 중시하여 인간의 활동성과 책임감 그리고 인간적이고 전문적인 성장에 기반을 두고 있으며, 학교에서의 교육과정계획과 교육활동은 인간조직 내에서만 이루어질 수 있다는 기본가정을 하고 있다. 따라서 개인의 욕구와 학교목표 및 과업을 통합시키려고 하는 것이다. 문제의 답지 'ㄷ'은 선택적 장학이며, 답지'ㄹ'은 선택적 장학 중에서 '임상장학'이 여기에 해당한다.

유길준 교육학
동형모의고사 해설편 06

01 ··· 정답 ②

문제의 답지 'ㄴ'에서 최세진(崔世珍 : 1473~1542)의 『훈몽자회(訓蒙字會)』는 1527년 지은 어린이용 한자 초학서로서 당시 한자 학습에 사용된 천자문과 유합(類合) 등의 책이 실제 사물과 직결된 실자(實字)들을 충분하게 다루지 않고 있다고 비판하여 '조수초목지명'(鳥獸草木之名)과 같은 실자를 위주로 이 책을 편찬했다. 상·중·하 각 권에 1,120자씩 총 3,360자를 수록하고 있다. 답지 'ㄹ'에서 정약용(丁若鏞 ; 1762~1838)은 『천자문(千字文)』의 비교육적인 면을 지적하였다. 문자가 체계적으로 배열되어 있지 않다는 것과 4언고시 형태로 되어 있는 책의 구성이 아동의 발달수준에 맞지 않다는 것이다. 그리고 글자의 전개가 사물에 대한 일관된 이해를 방해한다는 점을 지적하였다. 또한 글자를 구송하여 익히게 하는 암기교육의 폐해를 지적하였다. 이를 개선하기 위해 『아학편(兒學編)』을 저술하였다. 『아학편(兒學編)』은 사물을 동일한 성격과 유형으로 범주화하여 편성한 문자교재이다. 『아학편(兒學編)』은 상하 두 권으로 2천 자를 수록하고 있는데, 상권에는 구체적인 명사나 자연현상 등 실제적인 현상들의 개념을 담았고, 하권에는 추상명사, 대명사, 형용사 등의 개념을 담고 있다.

02 ··· 정답 ④

답지 ④는 인문적 실학주의자인 밀턴(J. Milton, 1608~1674)의 주장이다. 로크(John Locke, 1632-1704)는 영국의 철학자, 정치학자, 교육사상가로 영국 계몽주의의 제1인자이다. 문제의 답지 ①에서 로크의 사상은 『인간오성론(An Essay Concerning Human Understanding)』에 잘 나타나 있다. 여기서 그는 인간의 의식은 경험하기 이전에 어떤 관념도 포함되지 않은 상태, 즉 백지(白紙, tabula rasa)와 같은 상태일 뿐이며, 인식이 형성되려면 감각(sensation)과 반성(reflection)이라는 두 종류의 경험을 통해서 가능하다는 경험주의 입장을 제시하였다. 답지 ②에서 로크는 인간의 마음은 지각, 분별, 비교, 사고, 회상 등 여러 가지 능력으로 구성되어 있다고 주장하였다. 답지 ③에서 로크는 교육의 궁극적인 목적이 사회적으로 유능한 신사(紳士)를 길러내는 것이라고 주장하였다.

03 ··· 정답 ①

답지 ①에서 실존주의 교육철학은 교육을 통해 인간 자신의 내적 세계를 탐색하여 자신의 주체적 자각과 결단을 강조하였다. 답지 ②, ③은 분석철학이다. 답지 ④는 비판철학이다.

04 ··· 정답 ④

답지 ④에서 보비트(F. Bobbitt)는 남학생과 여학생에게 서로 다른 내용과 방법을 적용하는 것이 효율적이라는 것을 강조하였다. 왜냐하면 이들이 장차 사회에 나가 활동하는 내용이 다르게 규정 지워졌기 때문이라고 주장하였다.
보비트(F. Bobbitt)는 기존의 대부분의 학교가 교육과정을 주먹구구식으로 운영하는 것에 비판하면서 새로운 교육과정을 과학적으로 구성할 것을 강력히 주장하였다. 테일러(Taylor)의 과학적 경영의 효율성을 강조하면서, 아동 개개인의 성장과 발달보다는 전체 사회를 더 중시하며 환원주의 관점에서 교육과정의 구성 방법을 세분화하여 표준화 시키고자 하였다. 특히 성인활동 영역을 단계적으로 좁혀가면서 교육목표들을 추출하고 이들을 중심으로 교육과정을 구성하는 것이 바람직 한 것으로 본다.

05 ··· 정답 ①

답지 ①에서 공인타당도는 두 검사가 동일한 능력을 측정하고 있을 때 사용하는 타당도이다. 답지 ②에서 예언타당도를 검증할 경우 현재 검사결과의 신뢰도 계수와 미래검사 결과의 신뢰도계수 가운데 낮은 쪽 신뢰도 계수의 제곱근으로 신뢰도를 산출하기 때문에 양쪽 모두 신뢰도는 높아야 한다. 답지 ③에서 요인분석기법은 구인타당도 검증에 사용하는 기법이며, 답지 ④에서 내적준거를 이용하여 타당도를 검증하는 것은 내용타당도이다.

06 ··· 정답 ①

피터스(R. Peters)등은 지식의 형식을 논리학과 수학, 자연과학, 인간과학, 역사, 종교, 문학과 예술, 철학, 도덕적 지식으로 구분하고 지식의 형식은 인간이 오랜 역사를 통하여 누적적으로 발전시켜 온 것이며, 오늘날 그것을 유산으로 물려받고 있다고 하였다. '선험적'이라는 말은 그 말 자체로는 '경험을 초월한다'는 뜻이며, 따라서 선험적 정당화는 개인의 의식적인 사고(思考)에 의하여 받아들여지는 가 아닌가와 무관하게 성립하는 정당화를 말한다. 그리고 교과는 사회적 가치(외재적)에 의해 판단되는 것이 아니라 내재적 가치에 의해서 판단되는 것이라고 하였다.

07 ··· 정답 ②

답지 ②에서 학생 맞춤형 교육과정을 강화하기 위하여 **지역은(교육청)** 지역 및 학교, 학생의 다양한 특성을 반영하여 학교 교육과정이 운영될 수 있도록 지원한다.

08 ··· 정답 ③

검사의 신뢰도는 진점수(무한번 반복하여 얻은 평균점수)와 검사점수(한차례 시험을 치러 나온 원점수)의 차이로 간단히 알아볼 수 있다. 문제의 〈표〉에서 여학생의 검사오차가 남학생의 검사오차보다 더 크게 나왔으므로 여학생의 검사에 비해 남학생 검사의 신뢰도가 높다고 할 수 있다.

09 ········· 정답 ④

자기조절은 학습목표를 달성하기 위해 자신의 사고와 행동을 사용하는 것을 뜻한다. 즉 어떤 행동은 적절하여 강화를 받고 어떤 행동은 부적절하여 처벌을 받는지에 관해 일단 이해하였다면, 행동을 조절하게 된다.

반면에 ,자기효능감은 행동을 할 수 있는 자신의 능력에 대한 지각을 가리킨다. 따라서 문제조건의 (ㄱ)는 자기조절에 해당하고, (ㄴ)는 자기효능감을 의미한다.

10 ········· 정답 ③

문제의 답지 'ㄱ'은 불평형, 'ㄴ'은 동화, 'ㄷ'은 비가역성에 해당된다. 그 구체적인 내용을 제시하면 다음과 같다.

불평형	• 정상적인 인간은 동화와 조절간의 균형을 찾기 위하여 노력한다. 이러한 동화와 조절간의 균형을 잃어 인지 갈등을 유발하는 것을 말한다.
동화	• 기존 스키마와 동일하지는 않으나 비슷한(관련 있는) 새로운 정보는 기존의 스키마에 의하여 받아들여질 것이다. 이러한 현상을 동화라고 부른다.
비가역성	• 비가역성은 거꾸로 거슬러 올라가면서 사고를 하지 못하는 것을 말한다.

11 ········· 정답 ①

답지 ①에서 심리교류분석은 의사거래 상담이론이라고도 하며 번(Eric Berne, 1910~1930)에 의해 주창된 이론이다. 정신과 신체를 통합하여 자신에게 진실 되게 살아갈 수 있도록 하는 것은 형태주의 상담의 목적이다. 심리교류분석이 추구하는 상담의 목적은 자율성의 성취이며, 특히 어른 자아를 충분히 활용할 수 있는 능력을 갖게 한다. 그리고 부적절하게 결정된 생활자세와 생활각본으로부터 해방될 수 있도록 도와주어서 자기 긍정과 타인 긍정의 생활자세와 생산적인 새로운 생활각본을 형성할 수 있게 한다.

12 ········· 정답 ②

답지 ②의 인지전략활성자는 학습자가 자신의 인지전략을 인식하고 그것을 적절히 조절할 수 있는 능력을 말한다. 인지전략선택의 자유를 의미하는 것은 '학습자통제'이다. 라이거루스(Reigeluth)의 정교화 이론(Elaboration Theory)은 교수내용의 조직전략에 초점을 둔 교수설계 이론으로서 지금까지 연구 개발되어 온 인지심리학적 이론과 교수모형들의 교수설계 원리들을 통합한 거시적 수준의 교수설계 이론이다.

13 ········· 정답 ②

켈러(J. Keller)의 ARCS이론은 미시적 교수설계인 이론으로서, 동기에 관한 기존의 각종 이론 및 연구들을 종합하여 체계화시킨 이론으로 교수-학습 상황에서 학습동기를 유발시키고 유지시키기 위한 동기설계의 전략들을 제공하였다. 문제의 답지 'ㄷ'은 관련성 전략이고, 답지 'ㄹ'은 주의집중 전략이다. 만족감 전략은 자연적 결과 강조전략(ㄱ), 긍정적 결과 강조전략(ㄴ)이 있다.

14 ········· 정답 ①

문제의 답지 ①에서 문제기반학습 평가는 과정과 결과를 모두 중시한다. 문제의 답지 ②에서 문제중심학습은 어떤 특정 '상황'을 기반으로 하는 매우 '복잡'하고 '비구조적인 과제'를 중심으로 이루어지는 탐구적 학습을 의미한다. 답지 ③에서 문제기반 학습은 상대주의적 인식론인 구성주의에 이론적 근거를 둔다. 답지 ④에서 문제기반학습은 실제로 발생하는 문제와 상황을 중심으로 교수-학습을 구조화한 교육적 접근으로서, 학습자들이 문제를 협력적이고 자기주도적으로 해결해 가는 과정을 통해서 내용에 대한 학습, 비판적 사고력과 협력기능을 기르도록 하는 교수-학습 형태이다.

15 ········· 정답 ①

문제에서 제시는 자료를 분석해 보면 학생들의 학업성취에 미치는 영향으로 유전과 환경이 55(%)~90(%)이고 학교 질의 균등화가 1(%)정도라면 학교의 교육조건이 학생들의 학업성적을 균등하게 만든다는 것은 설득력이 매우 약한 주장이 된다.

16 ········· 정답 ②

답지 ①에서 유네스코는 1972년에 '소유를 위한 학습(learning to have)'에서 벗어나 '존재를 위한 학습(learning to be)'을 강조하는 학습사회를 주장하였다. 그리고 답지 ②에서 허친스(R. Hutchins)는 산업인력 양성에 초점을 둘 것이 아니라, 학습과 자아실현과 인간화라는 삶의 가치전환에 성공한 사회를 학습사회라고 하였다. 학습사회에 대한 기구나 학자의 주장은 다음과 같다.

유네스코	• 1972년 탈 소유의 양식을 위한 학습의 중요성을 강조하고 학습사회에 있어서 학습은 소유하기 위한 학습이 아니라 존재를 위한 학습이라는 점을 강조하였다.
허친스 (R. Hutchins)	• 학습사회란 산업인력 양성에 초점을 둘 것이 아니라, 학습과 자아실현과 인간화라는 삶의 가치전환에 성공한 사회를 의미한다고 하였다.
카네기 고등교육위원회	• 실용적인 입장에서 어떠한 교육이든 교육의 목적은 인간 실현에 있다는 점을 공감하면서 교육의 무게 중심을 인간의 노동 참여에 두어 직업교육을 포함시키는 광의의 입장의 학습사회론을 강조하였다.
일리치 (I. Illich)	• 학습을 원하는 사람은 누구든지 그것에 쉽게 접근할 수 있도록 하는 새로운 열린 학습망을 구축하는 것을 학습사회에서 강조하였다.

17 ········· 정답 ①

문제에서 박 교장이 수립한 경영구조는 행동과학 이론에 근거한 것이다. 행동과학이론은 고전적 조직론 지나치게 조직의 생산성 향상을 위한 직무분석과 과업의 능률성을 강조한 나머지 사회적 존재로서의 인간을 무시하는 경향이 있고, 인간 관계론은 개인의 감정이나 태도, 비공식 집단의 사기를 중요시한 나머지 조직을 또한 지나치게 무시하였다는 단점을 극복하기 위함이다.

18 ······ 정답 ③

답지 ①은 「교육기본법」 제12조 (학습자) ①항에 "학생을 포함한 학습자의 기본적 인권은 학교교육 또는 평생교육의 과정에서 존중되고 보호된다."고 규정하고 있다. 답지 ②는 「교육기본법」 제13조 (보호자) ①항에 "부모 등 보호자는 보호하는 자녀 또는 아동이 바른 인성을 가지고 건강하게 성장하도록 교육할 권리와 책임을 가진다."고 규정하고 있다. 답지 ③은 「교육기본법」 제15조 (교원단체) ①항에 "교원은 상호 협동하여 교육의 진흥과 문화의 창달에 노력하며, 교원의 경제적·사회적 지위를 향상시키기 위하여 각 **지방자치단체와 중앙**에 교원단체를 조직할 수 있다."고 규정하고 있다. 답지 ④에서 「교육기본법」 제14조 (교원) ④항에 "교원은 특정한 정당이나 정파를 지지하거나 반대하기 위하여 학생을 지도하거나 선동하여서는 아니 된다."고 규정하고 있다.

19 ······ 정답 ②

문제에서 제시된 조직의 조건은 '**조직화된 무질서**' 상태이다. 따라서 '조직화된 무질서' 상태에서는 '의사결정 쓰레기통모형'이 적용된다. 쓰레기통모형(garbage can model)이란 의사결정의 네 가지 요소(문제, 해결책, 선택기회, 참여자)의 흐름이 서로 다른 시간에 통(can) 안으로 들어와서 우연히 동시에 한 곳에서 모두 모여지게 될 때 비로소 결정이 이루어지는 것을 말한다.

20 ······ 정답 ③

답지 ①에서 교육감후보자가 되고자 하는 자는 당해 시·도지사의 피선거권이 있는 사람으로서 후보자등록신청개시일부터 과거 1년 동안 정당의 당원이 아닌 사람이어야 한다. 답지 ②에서 교육감은 집행기관의 성격으로서 시·도의 교육 및 학예에 관한 사무의 집행권을 행사하고 있다. 소관사무로 인한 소송이나 재산의 등기 등에 대하여 시·도 대표권 등을 행사하고 있다. 답지 ③에서 교육감의 임기는 4년으로 하며, 교육감의 **계속 재임은 3기**에 한한다. 답지 ④에서 교육감은 주민의 보통·평등·직접·비밀선거에 따라 선출한다.

동형모의고사 해설편 07

01 ·· 정답 ②

문제의 제시문은 '인간행동의 계획적 변화'로 조작적 정의에 해당한다. 이는 교육의 서술적 정의로서 가치중립적인 관점에서 인간행동을 변화시키는 방법적 효율성에 강조점을 둔 행동주의 관점의 공장형 교육을 의미한다. 행동주의 관점은 교육을 기술(技術 ; Technology)로 보고 교사를 기술자, 학교를 생산공장, 아동은 재료로 취급하는 교육관이다.

02 ·· 정답 ④

답지 ④에서 고종은 1895년 2월에 「조선교육 입국조서」를 발표하고 교육의 실용화, 교육의 보편화, 교육입국의 관점을 강조하였다. 답지 ①에서 조선말기의 개화기에는 민간뿐만 아니라 국가에 의해 다수의 근대학교가 설립되었다. 답지 ②에서 학교는 선교사뿐만 아니라 민간, 국가에 의해 설립되었다. 답지 ③에서 영어교육을 위한 통변학교와 육영공원이 설립되었으나 그 대상은 역관 자제들이 아니라 통변학교는 개화를 동경하는 선진청년, 육영공원은 양반자제들이 그 대상이었다.

03 ·· 정답 ②

답지 ②에서 듀이(J. Dewey)는 "교육의 목적은 교육과정 그 자체이며 다른 어떤 것의 수단이기 이전에 그 자체로서 가치롭다."라고 하여 교육의 목적과 성장의 목적을 동일시하는 내재적 목적을 강조하였다. 답지 ①에서 듀이(Dewey)는 "진리는 창조되는 것이지 발견되는 것이 아니다."고 주장하였다. 답지 ③은 재건주의 교육관, 답지 ④는 자연주의 또는 인본주의 교육관이다.

04 ·· 정답 ④

답지 ④에서 루소(J. J. Rousseau)는 아동기(5~12세)를 야만인 상태, 비사교적·비도덕적 상태라고 하였다. 특히 이시기에 **발달하는 영역 가운데 감각기관에 주목하여 감각교육을 강조하였다.** 감각교육은 자연에 의한 사물교육, 즉 '말보다 사물을 우선하는'교육이다. 답지 ①은 유아기 교육의 강조점이며, 답지 ②는 전통적인 성인중심 교육에 해당한다. 답지 ③은 소년기(12~15세) 독서활동의 주요교재이다.

05 ·· 정답 ③

전환학습(transformative learning)은 메지로(Mezirow)에 의해 주장된 학습방법으로 기존의 객관적·실증적인 접근에 대해 비판하면서 1978년에 전환학습론을 제시하였는데, 전환학습은 학습활동에 의해 학습자 자신은 물론 타인이 인식할 수 있는 방법으로 학습 이전과는 확연히 구분되도록 인간을 새롭게 만든다는 것이다. 전환학습에 있어서 성인기는 자신의 왜곡된 관점을 수정하는데 필요한 시기라는 전제하에 학습의 과정은 비판적 성찰, 비판적 성찰을 통해 획득된 통찰력을 확인하기 위한 담론, 행동의 단계로 전개된다.

비판적 성찰	• 자신의 경험의 원인이나 의미에 대해 의문을 갖고 개인의 경험을 이해하기 위한 주요 신념과 가정들을 검증해 가는 과정을 말한다.
담론	• 편견이나 오류, 개인적 관심사를 배제하고 개방적이고 객관적인 태도로 특정한 주장에 대한 논쟁과 증거를 검토하는 과정이다.
행동	• 전환학습에서 습득한 결과를 행동으로 옮기는 것을 말한다.

06 ·· 정답 ④

답지 ④에서 보울스와 진티스(Bowles & Gintis)는 그들의 대응이론(correspondence theory)에서 교육이 노동 구조의 사회관계와 똑같은 사회관계로 운영되고 있다는 점을 주장하였다. 이는 토대-상부구조 결정론에 그 이론적 근거를 두고 있으며, 능력주의(학력) 이데올로기를 교묘히 이용하여 경제 권력을 끊임없이 재생산한다고 주장한다.

07 ·· 정답 ①

문제에서 설명하는 이론은 신교육사회학이다. 신교육사회학이라는 명칭을 최초로 사용한 사람은 고버트(D. Gorbutt)이며, 이 이론을 발전시킨 학자는 의 이론적 기초자는 영국의 학자인 영(M. F. D. Young)과 번스타인(B. Bernstein)이다. 이론적 배경은 지식사회학(교육 내용학)이다. 신교육사회학은 영국의 교육불평등의 문제를 학교의 교육내용과 교사-학생의 상호작용 등의 미시적 문제로 보고 있다.

08 ·· 정답 ②

문제의 대화에서 ⊙은 '반영'이며 ⓒ은 '재진술'이다. 반영은 비지식적 상담에서 내담자의 말과 행동에서 표현된 기본적인 감정·생각 및 태도를 상담자가 다른 참신한 말로 부연해 주는 것을 말한다. 그리고 재진술은 어떤 상황, 사건, 사람, 생각을 기술하는 학생의 진술 중에서 내용부분을 교사가 다른 동일한 의미의 말로 바꾸어 기술하는 기법이다. 이는 내담자가 자신의 한말에 주의를 기울이도록 돕는 역할을 한다.

09 ·· 정답 ②

답지 ②는 재검사신뢰도의 특징이다. 동형검사신뢰도는 '동형성 계수'라고도 하며, 검사의 문항이 동질적인 내용으로 구성된 두 개의 동형검사를 제작하여 그것을 같은 대상에게 실시하여 두 동형검사에서 얻은 점수 사이의 상관을 산출하는 방법이다. 동형검사신뢰도는 기억효과, 연습효과는 최소한으로 감소시키며, 문항표본에서 파생하는 오차도 오차변량으로 취급하게 되어 이 점에서는 좋은 방법이다. 그러나 실제적으로는 두 검사를 측정이론에서 보아 거의 같거나 완전히 같은 동질적인 검사로 구성한다는 것이 쉽지 않다는 문제점이 있다.

10 ········· 정답 ①

답지 ①에서 비고츠키(L. Vygotsky)는 학습준비성에 대한 논쟁에서 환경경험론의 입장을 취한다. 즉 선 학습 후발달의 관점을 강조한다. 이것은 풍부한 환경의 제공이 아동의 발달을 촉진 시킨다는 것이다. 또한 그는 사회문화적 관점에서 아동의 인지발달이론을 전개하고 있다.
그에 의하면 인지발달은 "성인이나 뛰어난 동료와의 사회적 상호작용의 결과"라고 하였다. 문제에서 주어진 답지 ②, ③, ④는 피아제(J. Piaget)의 견해에 부합하는 것이다.

11 ········· 정답 ④

프로이드(S. Freud)의 심리적 방어기제(defense mechanism)란 심리적으로 극복하기 어려운 현실에 당면하여 직접 문제를 해결하지 못하고 현실을 왜곡시켜 체면을 유지하고 심리적 평형을 되찾아 자기를 보존하려는 무의식적 책략을 방어기제라 한다. 문제에서 제시된 예화는 투사(projection)로 자신이 스스로 받아들일 수 없는 충동이나 태도 등을 무의식적으로 타인이나 환경의 탓으로 돌리려는 행동기제를 말한다. 즉, 투사는 자신의 결점을 다른 사람이나 사물에 전가시켜 비난함으로써 자신의 결함, 약점, 위험, 불안으로부터 벗어나 자신을 보호하려는 행위이다.

12 ········· 정답 ①

교육내용의 조직원리 중에서 범위(scope)는 특정한 시점에서 학생들이 배우게 될 내용이 폭과 깊이를 말한다. 배워야 할 내용은 학교급, 학년, 교과, 과목에 따라 달라지고 깊이는 대체로 배울 내용에 할당된 시간 수로서 간접적으로 표현된다. 문제의 답지 'ㄷ'은 계열성에 대한 설명이고, 'ㄹ'은 통합성에 대한 설명이다.

13 ········· 정답 ①

2022년 개정 교육과정에서 길러야 할 핵심역량을 자기관리 역량, 창의적 사고 역량, 심미적 감성역량, 협력적 소통능력, 공동체 역량 등을 제시하고 있다.

14 ········· 정답 ②

아이즈너(E. Eisner)는 영 교육과정(null curriculum)이라는 개념을 도입하고 명시적 및 잠재적 과정 뿐 만 아니라 학교에서 가르쳐지지 않는 과정에 대해서도 관심을 가져야 한다고 주장하였다. 즉, 학교에서 가르칠 필요가 있으나 가르치지 않아서 개인적 또는 국가적으로 큰 손해를 끼치는 교육과정을 말한다.

15 ········· 정답 ③

인지적 유연성 이론(Cognitive Flexibility Theory)은 피아제(J. Piaget)의 개인적 구성주의를 근거로 하여 스피로와 죠나센(R. Spiro & D. Jonassen)이 발전시킨 이론이다. 인지적 유연성이라 함은 즉흥적으로 자신의 지식을 재구성할 수 있는 능력을 의미한다. 인지적 유연성은 상황적 요구에 탄력성 있게 대처하는 능력은 끊임없이 그리고 지속적으로, 비정형화된 지식구조를 탐구영역으로 다룸으로써, 혹은 복잡하고 비규칙성이 깃들인 고급지식들을 접함으로써 형성될 수 있다.

16 ········· 정답 ④

두 교사의 수업전략을 켈러(J. Keller)의 ARCS이론 비추어 보면 (ㄱ)의 김 교사는 주의 집중 전략 가운데 지각적 주의 환기 전략을 사용하고 있다. 주의(Attention)집중은 호기심과 관심을 유발·유지시키는 전략이다. (ㄴ)의 박 교사는 자신감(Confidence) 전략 가운데 성공기회 제시전략을 사용하고 있다. 이는 학습 성공에 대한 자신감과 긍정적 기대를 갖도록 하는 전력이다.

17 ········· 정답 ④

문제에서 제시된 조직관리 기법은 과업평가계획기법(PERT)이다. 이는 기획과 통제의 기법을 발전시킨 것으로 사업의 각 단계와 활동 간의 관계를 인과관계로 흐름으로 표시하는 플로차트(flow chart)를 작성하고 활동소요시간의 추정, 그리고 총수행시간의 추정의 과정을 거치게 된다. 그 장점으로 사전에 문제점을 예측할 수 있으며, 실정에 맞는 계획을 선택할 수 있다. 그리고 계획의 입안자, 집행자, 감독자가 모두 참여할 수 있다. 또한 계획을 수시로 보완, 조정, 수정할 수 있으며 시간과 비용을 절감할 수 있다.

18 ········· 정답 ③

답지 ③에서 계획예산제도(PPBS ; Planning Programming Budgeting System)는 합리적인 조직목표를 설정하고 이를 성취하기 위한 계획과 행동과정, 자원배분을 계획적으로 수립함으로써 조직의 목표달성을 효율적으로 하려는 제도이다. 즉 학교목표의 우선순위에 따라 자원을 합리적으로 사용할 수 있기 때문에 예산의 지출과 효율화를 가져올 수 있다. 그러나 교육활동의 성과가 장기적인 점을 고려할 때 실적평가가 너무 성급하게 이루어질 가능성과 예산운영의 집권화를 조장시킬 수 있는 가능성이 있다. 답지 ①은 품목별 예산관리기법, 답지 ②는 영기준예산제도, 답지 ④는 성과주의 예산제도 이다.

19 ········· 정답 ①

로크(Locke)는 목표를 성취하려는 의도가 제일 중요한 동기의 힘이 된다고 하였다. 즉 목표는 개인의 정신활동 및 신체활동 모두의 방향을 결정한다는 것이다. 그는 목표가 과업성취를 높이는데 기여할 수 있는 목표의 속성을 다음과 같이 제시하였다.

목표의 구체성	• 구체적 목표는 목표의 모호성을 감소시켜 주고, 행동 방향을 명확하게 제시해 주기 때문에 성과를 높일 수 있다.
목표의 곤란성	• 쉬운 목표보다는 다소 어려운 목표가 동기를 유발시킨다.
목표설정에의 참여	• 구성원들이 목표설정과정에 참여함으로써 성과가 향상되어질 수 있다.
노력에 대한 피드백	• 노력에 대하여 피드백이 주어질 때 성과가 올라간다.
목표달성에 대한 동료들 간의 경쟁	• 동료들 간의 경쟁이 성과를 촉진시킨다.

목표의 수용성	• 상부에서 일방적으로 강요하는 목표보다 구성원이 자발적으로 수용한 목표가 더 큰 동기를 유발시킨다.

20 .... 정답 ④

답지 ④에서 학교의 장은 회계연도마다 학교회계세입세출예산안을 편성하여 회계연도 개시 30일전까지 학교운영위원회에 제출하여야 하며, 학교운영위원회는 학교회계세입세출예산안을 회계연도 개시 5일전까지 심의하여야 한다. 이것은 학교장과 학교운영위원회의 기능을 강화하기 위한 것이다. 문제의 답지 ①에서 학교회계년도는 매년 3월 1일부터 2월말까지이다. 답지 ②에서 학교회계는 국·공립의 초·중·고·특수학교에 설치한다. 답지 ③에서 학교발전기금은 학교회계 수입에 해당한다.

동형모의고사 해설편 08

01 .... 정답 ④

답지 ④에서 생원, 진사는 성균관의 주요입학 대상자들 이었지만 그들 외에도 4학의 유생 가운데 승보시 합격자, 소과 초시합격자, 유음(공신과, 3품 이상의 자제), 현직 관원 등도 입학할 수 있었다. 답지 ①에서 조선시대 역시 서민들을 위한 초등교육기관인 서당이 있었다. 답지 ②에서 조선시대 필수 교재는 소학과 4서 5경이었다. 답지 ③에서 향교는 양반, 향리, 서민의 자제 등이 입학할 수 있었다.

02 .... 정답 ①

답지 ①에서 노동교육 방안은 로크(J. Locke)가 제안한 것이다. 이는 각 마을마다 학교를 두어 3세부터 14세까지의 노동자 자제들을 입학시켜 식사를 제공하고 일을 시킴으로써 부모의 수고를 덜고, 일하는 습관을 기르며, 예의를 알고, 일요일에는 신앙심을 기르고 공장에서 일하게 하여 국가 경제에 도움을 주자는 내용이다. 답지 ②, ③, ④는 코메니우스의 교육적 공헌이다. 코메니우스(J. A. Comenius : 1592~1670)는 체코의 교육개혁가인 동시에 종교지도자이고, 감각적 실학주의자이며, 근대교육의 아버지라고도 한다.

03 .... 정답 ①

실존주의 교육철학자 볼노오(O.F. Bollnow)는 현대 연속적 형식의 교육을 비판하고 비연속적 형식의 교육(만남, 위기, 각성, 충고, 모험과 좌절)을 강조하였다. 그는 만남이 인간의 삶을 비약적으로 변화시킬 수 있다는 가능성을 제시하였다. 만남으로 인해 비로소 본래적인 자기를 각성할 수 있다는 것이며, 만남은 교사가 꾸며낼 수 없으며 만남이 일어날 수 있도록 예비하여야 한다. 답지 ②에서 볼노오(O. F. Bollnow)는 자연주의 사상이 추구하는 유기적 교육관을 연속적 형식의 교육이라고 비판하였다. 답지 ③에서 볼노오(O. F. Bollnow)는 만남이 체계화된 교육방법이라고 주장하지 않았다. 즉 만남은 교육에로의 방법화를 거부한다. 왜냐 하면, 진정한 교사는 만남을 꾸며낼 수 없기 때문이다. 교사는 다만 이 같은 만남이 일어날 수 있게 예비할 따름 이다. 답지 ④에서 인간의 잠재가능성을 계발하는 비연속적 형식의 교육방법은 만남, 위기, 각성, 충고, 모험과 좌절 등이 있다.

04 .... 정답 ②

답지 ②에서 기능주의 사회학에서는 아동이 장차 성인에 되었을 때 사회생활에 필수적으로 필요한 지식이나 규범을 배워야하는 사회화를 강조한다. 이러한 관점에서 선미는 학교의 공동생활을 통해서 사회적 규범을 함양하는 과정이라고 볼 수 있다.

05 .... 정답 ③

답지 ③은 평생교육이 지니는 일반적인 특성에 해당한다. 평생교육법 제4조(평생교육의 이념)의 규정은 다음과 같다.

① 모든 국민은 평생교육의 기회를 균등하게 보장 받는다.
② 평생교육은 학습자의 자유로운 참여와 자발적인 학습을 기초로 이루어져야 한다.
③ 평생교육은 정치적·개인적 편견의 선전을 위한 방편으로 이용되어서는 아니 된다.
④ 일정한 평생교육과정을 이수한 자에게는 그에 상응하는 자격 및 학력인정 등 사회적 대우를 부여하여야 한다.

06 .... 정답 ④

답지 ④에서 현대사회는 업적주의이기 때문에 학력은 지위획득을 위한 중요한 수단이 된다. 따라서 **지위획득에 관한 경쟁**은 곧 학력의 경쟁을 초래하며 개인의 학력이 상승하게 된다는 것이다. 특히 과잉학력 및 고학력 실업자를 설명하지 못하는 기술기능이론을 비판하면서 등장하였다.

07 .... 정답 ②

피아제(J. Piaget)의 인지발달 이론에서 전조작기 아동들은 경험과 행위간의 관계 또는 행위의 시행착오를 통해 문제를 해결한다. 답지 ②에서 지선이는 구체적 조작기의 가역적 사고와 전환성 개념이 형성된 아동이다. 답지 ①에서 희철이는 전조작기의 특성인 물활론적 사고로 인해 해를 마치 살아있는 사람처럼 그린 경우이다. 답지 ③에서 '희영'은 전조작기의 특성인 비가역적 사고로 인해 더하기와 빼기가 역연산관계라는 것을 알지 못한다. 답지 ④에서 '진수'는 전조작기의 특성인 자기중심적 사고로 인해 자신의 왼손과 오른 손은 구별할 수 있지만 다른 사람의 것은 잘 구별하지 못한다.

08 .... 정답 ①

문제에서 제시된 행동수정기법의 절차는 행동조형(shaping)기법이다. 행동조형은 바람직한 목표나 행동을 향한 각각의 작은 단계의 진전을 강화하는 것을 말한다. 차별강화와 변별의 기술을 이용하여 특정행동을 형성시키는 것이다.

09 .... 정답 ③

답지 ③에서 '인지치료적 접근'은 부적응 행동의 원인을 환경적 스트레스와 생활사건에 대한 생각(사고) 때문에 발생한다고 본다. 대표적인 기법으로 지시적 상담, 합리적·정서적·행동적 상담, 개인구념 상담, 베크의 인지치료 기법 등이 있다. 인지치료적 접근은 내담자가 보다 현실에 부합하고, 사실에 근접한 방식으로 사고하게 함으로써 심리적 건강을 회복시키는 것을 목적으로 한다.

10 ··· 정답 ②

답지 ②에서 교육 수요자의 요구 분석에 기초하여 교육목표를 설정하고, 체계적 절차를 따르는 교육과정 개발 모형을 제안한 학자는 타일러(R. Tyler)이다. 워커(D. Walker, 1972, 1990)는 미국의 교육과정개발위원회의 교육과정 의사결정을 위한 숙의(熟議)를 있는 그대로의 자연스런 장면에서 조사하고 묘사하였다. 교육과정개발위원회에 속한 사람들은 교육과정의 기본 원천인 교과, 학습자, 사회에 대한 탐구를 철저히 하는 것도 아니고, 목표를 먼저 세우고 시작하는 타일러(R. Tyle)가 제시한 방식으로 일을 진행하지 않는다고 지적 하였다.

11 ··· 정답 ④

답지 ①에서 교수민감도는 교수후 곤란도 지수와 교수전 곤란도 지수의 차이로 산출한다. 답지 ②는 문항반응이론에서 문항특성곡선을 나타내는 함수를 말한다. 답지 ③에서 문항 곤란도는 비율척도로 취급해서는 안 되며, 상대적으로 해석하는 것이 옳다. 답지 ④에서 고전검사의 곤란도 지수는 문항에 대한 정답자 비율로 산출되는 것으로 수험자 집단의 수준에 따라 상대적으로 나타난다.

12 ··· 정답 ④

답지 ④에서 지식의 구조학습은 낱낱의 사실을 다단계 정보처리를 통해 학습하는 것이 아니라, 일반적인 개념을 경제적인 정보처리(적은 단계의 정보처리)를 통해 학습하는 것이다. 지식의 구조는 여러 가지 의미로 사용될 수 있는데 지식의 이면에 감추어져 있는 지식의 핵심개념, 지식의 기본개념과 원리, 일반적 아이디어 등을 의미하는 것으로 생성력과 경제성이 높다. 그리고 지식의 구조는 각 교과를 특징짓는 독특한 안목과 이해를 가지며, 학문에 내재한 정보, 개념, 원리 이론 등 학문들을 구성하는 요소들과의 관계를 의미한다.

13 ··· 정답 ①

메릴(M. D. Merrill)의 내용전시이론(Component Display Theory)에서 사실은 적당한 이름, 날짜, 장소, 혹은 어떤 특정한 사물이나 사건을 지칭하기 위하여 사용한 기호들과 같이 임의적으로 연관을 지어 이름을 붙인 정보를 말한다. 문제의 답지 ㄱ과 ㄹ은 사실, 답지 ㄴ은 개념, 답지 ㄷ은 원리 이다.

14 ··· 정답 ④

답지 ④에서 웹사이트를 활용한 수업은 인지과부하를 촉진시킬 수 있다. 인지과부하란 한 화면에 여러 가지 학습내용들이 동시에 제시되었을 경우 내용에 대한 이해도가 떨어진다거나 단순화시킨 그림 자료보다 실제 모습을 담은 사진 자료를 제시했을 경우 개념 이해도가 떨어지는 현상을 말한다.

15 ··· 정답 ④

가네와 브릭스(Gagne & Briggs)의 9단계 교수사태(Instructional events)에서 문제에서 제시된 활동은 **자극자료제시**이다. 자극자료란 교수목표와 관련된 교과학습내용 및 교과학습을 보조해 주는 정보나 자료를 말한다. 이 단계에서는 학습자의 선택적 지각이라는 내적 인지과정을 돕기 위하여 자극자료가 다른 것들과 분명하게 구분되는 특징을 가지고 있어야 하며, 하이라이트, 이탤릭체 문자 사용, 굵은 글자나 밑줄사용 등의 각종 강조기법을 효과적으로 사용해야 한다.

16 ··· 정답 ①

답지 ㄴ에서 의무교육단계에 있는 학생에게는 퇴학처분을 할 수 없다. 답지 ㄹ은 학교폭력 대책과 예방에 관한 법률에 들어 있는 가해학생에 대한 처분 방안 중 하나이다. 초중등교육법 시행령 제31조(학생의 징계 등)에 의하면 학교의 장은 교육상 필요하다고 인정할 때에는 학생에 대하여 다음 각 호의 어느 하나에 해당하는 징계를 할 수 있다.

> 1. 학교내의 봉사
> 2. 사회봉사
> 3. 특별교육이수
> 4. 1회 10일 이내, 연간 30일 이내의 출석정지
> 5. 퇴학처분(단 의무교육과정에 있는 학생외의 자)

17 ··· 정답 ②

아담스(J. S. Adams)의 '공정성 이론'에서는 인간의 동기는 작업장내서 인간이 지각하는 공정성 정도에 따라서 동기가 달라진다는 것을 전제로한 이론이다.

18 ··· 정답 ③

답지 ①에서 명료성과 완전성을 추구하는 모형은 합리적 모형이다. 답지 ②에서 비정화된 문제해결은 최적모형으로 가능하다. 답지 ③의 점증모형은 현실적, 단기적 문제해결에 적합한 모형이다. 답지 ④에서 의사결정 쓰레기통 모형은 조직화된 무질성 상황에서 활용되는 모형이다.

19 ··· 정답 ④

답지 ④의 직무풍요화는 헤즈버그의 동기요인을 증진 시키는 전략이다. 답지 ①, ②, ③은 위생요인을 적용한 예이다. 헤즈버그(F. Herzberg)의 동기위생이론이 학교경영에 주는 시사점은 그 동안 대부분은 위생요인의 개선에만 관심을 집중하는 경향이 있었으나 동기요인의 중요성을 부각시켰다는 것이다. 위생요인만으로는 교직상의 불만은 줄일 수 있을지 모르나 교원들에게 적극적인 동기를 유발하기는 어렵다는 점을 제시해 주고 있다.

20 ··· 정답 ②

답지 ㄱ에서 수석교사는 교육부장관이 임용한다(교육공무원법 29조의 4). 답지 ㄴ에서 기간제 교원은 교원 임용에서 어떠한 우선권도 인정되지 아니한다(교육공무원법 제32조). 답지 ㄷ에서, 교육공무원의 정년은 62세로 한다. 다만,「고등교육법」제14조에 따른 교원인 교육공무원의 정년은 65세로 한다(교육공무원법47조). 답지 ㄹ에서 성폭력범죄 행위는 징계사유가 발생한 날부터 10년 이내에 징계의결을 요구할 수 있다(교육공무원법 제52조).

동형모의고사 해설편 09

01 ·· 정답 ①

문제의 답지 ㄱ에서 학문중심교육과정은 전이이론가운데 일반화설과 형태이조설을 채택한다. 답지 ㄴ에서 학문형교육과정은 학습자들의 지적인 성장을 강조한다. 답지 ㄷ에서 교재의 곤란도 서열을 정하여 가르치는 것은 교과중심교육과정이다. 답지 ㄹ에서 학문형교육과정은 지식중심교육과정으로 생활과 유리되어 있다.

02 ·· 정답 ②

답지 ②에서 진단평가는 교사제작 검사뿐만 아니라 필요에 따라 표준화된 검사도 활용한다. 진단평가는 수업이 시작되기 전에 수업대상이 되는 집단의 특징을 진단하며, 교수-학습이 시작되기 전에 또는 학습 초기 상태에서 교수 계획을 수립하고 정보를 얻기 위해서 실시하며, 교수하려는 과제나 과정의 이해여부를 확인하기 위해 실시한다. 그리고 교수 학습 과정에서 계속적인 학습실패의 근본적인 원인을 발견하고 이를 교정하기위해 실시하는 평가이다.

03 ·· 정답 ③

교육내용의 일반적인 선정원리는 타당성의 원리, 확실성의 원리, 중요성의 원리, 사회적 유용성의 원리, 인간다운 발달의 원리, 흥미의 원리, 학습가능성의 원리 등이 있으나 중요성이 원리는 학문적 합리주의, 사회적 유용성은 사회재건주의, 인간다운 발달의 원리는 인본주의의 철학적 관점을 반영한 것이다. 그외는 철학적 관점에 관계없이 준수해야한다.

04 ·· 정답 ④

Hoyt신뢰도, Cronbachα계수 등은 문항내적 합치도에서 사용하는 신뢰도 산출방법이다. 이는 변량분석에 기초를 두고 개발된 방법으로 한 검사 속의 문항들 사이의 신뢰도 계수는 급내 상관계수로 나타낼 수 있다. 이분문항 뿐만 아니라 논문형 문항과 같이 한 개의 문항이 여러 단계의 점수로 채점되는 경우에도 사용할 수 있도록 그 제약에서 일반화 할 수 있는 계수로서 제시되었다.

05 ·· 정답 ④

문제의 답지 ①에서 원산학사는 한국인들이 외국의 도전에 대응하고, 시대변천에 대응하기 위하여 자발적으로 기금을 모아 설립한 최초의 사립학교이다. 답지 ②에서 덕원부사 정현석은 원산학사 학칙으로 학사절목(學舍節目)을 제정하여 이에 따라 학사를 운영하고 학생교육을 실시토록 하였다. 답지 ③에서 원산학사는 1894년 갑오개혁 후 공립학교로 전환되어 1945년 까지 지속되었다. 그리고 답지 ④에서 원산학사의 교육내용은 공통과목으로 산수, 격치(格致), 기계, 농업, 양잠, 채광, 외국어(일어), 법률, 만국공법, 지리 등이며, 전공과목으로 문예반은 경서(經書)을 배우고, 무예반은 병서와 무예를 배웠다.

06 ·· 정답 ③

답지 ③은 로크(J. Locke)의 교육사상이다. 18세기 후반과 19세기 사상가들에 의해 주장된 근대 시민사회의 공교육제도의 이론적 근거로는 교육은 '개인의 기본권리'라는 사상의 확대(계몽사상), 그리고 국가 유지와 국가 발전 및 국민통합(국가주의), 산업사회의 인적 자원공급(산업혁명) 등이다. 답지 ①과 ②는 인간의 자연권에 기초한 교육의 기본권리와 관련이 있으며, 답지 ④는 국가주의 사상과 관련이 있다.

07 ·· 정답 ②

답지 ①에서 본질주의 사상에 근거한 교사는 교육과정의 주도자이며, 특정영역의 과목에 전통한 자(master)라야 한다. 본질주의(Essentialism)는 진보주의에 도전하면서도 어떤 면에서는 진보주의자들과 맥을 같이하는 절충주의적인 입장을 취한다. 본질주의는 문화유산의 보존을 강조하며, 교육에 있어서 본질주의(Essentialism)는 인류가 축적해 놓은 문화유산 가운데 가장 핵심적인 내용을 교육을 통해 다음세대에 전달하자는 사상으로 전통적인 사상에 가깝다. 따라서 학습에서 강한 훈련을 강조하며 흥미보다 노력을 강조하며, 자유보다는 적절한 통제를 강조한다. 그리고 아동의 흥미와 자발성을 인정하되 너무 지나쳐서는 안 된다는 것을 강조한다. 답지 ④는 진보주의 사상이다.

08 ·· 정답 ①

드리벤(Dreeben)은 그의 「학교사회화 이론」에서 학생은 교과목과 학교생활에서 이루어지는 상호작용을 통해 산업화된 민주사회에 적합한 4가지 사회적 규범을 배운다고 하였다. 그 중에서 보편성(universalism)은 학교는 장차 어른이 되어 성인이 역할을 수행할 때 필요한 자질들을 가르치고 있으므로 학교가 가르치는 내용은 사회의 존립을 위해서 중요한 기능을 한다. 이와 같은 규범은 같은 연령의 학생들이 동일한 학습내용을 배움으로써 획득하게 된다. 그 구체적인 내용은 다음과 같다.

독립심 (independence)	• 지금까지 부모, 형제에게서 받아오던 의존 관계에서 독립되어 교실 상황에서 독립심이라는 사회 규범을 학습하게 된다.
성취성 (achievement)	• 학교교육은 교과교육 뿐만 아니라 다양한 경험을 할 수 있는 기회를 제공해 줌으로써 성취의 규범을 사회화 할 수 있도록 한다.
보편성 (universalism)	• 같은 연령의 학생들이 동일한 학습내용을 배움으로써 획득하게 된다.
특수성 (specificity)	• 학년이 높아 갈수록 적성에 맞는 분야를 집중적으로 학습해 갈 수 있도록 학교가 마련해 줌으로써 획득하게 된다.

09 정답 ①

답지 ①은 기능주의를 정당화 하는 주장이다. 신교육사회학에서는 학교의 지식은 보편적이라기보다는 사회적으로 인정된 상대적인 것이며 지식은 사회적 불평등을 이데올로기적으로 정당화하는 효과적인 도구라는 것이다. 뿐만 아니라 학교에서 가르치는 지식은 피지배계급의 자녀들에게 불리하게 되어있다고 말할 수 있다.

10 정답 ①

답지 ①에서 무형식적 교육(Non-formal Education)은 전통적인 학교 교육과정 밖에서 사전에 구상되지 아니한 학습 경험을 참여자에게 제공하는 것으로 대중매체나 정보제공 시설을 통한 교육이 대표적이다 따라서, 정규교육은 제외되나 우연적 학습은 포함이 된다.

11 정답 ③

투사(Projection)란 자신이 스스로 받아들일 수 없는 충동이나 태도 등을 무의식적으로 타인이나 환경의 탓으로 돌리려는 행동 기제를 말한다. 즉, 투사는 자신의 결점을 다른 사람이나 사물에 전가시켜 비난함으로써 자신의 결함, 약점, 위험, 불안으로부터 벗어나 자신을 보호하려는 행위이다. 승희의 경우 자기 스스로가 죄의식을 느끼고 있을 때 그것을 다른 사람이 가지고 있는 것처럼 그 사람을 비난함으로써 안정감을 얻으려는 경우이다.

12 정답 ④

문제의 반응은 콜버그(L. Kohlberg)도덕성 발달의 6단계인 '보편적 도덕원리에 대한 확신으로서 도덕성'의 단계이다. 이 단계의 도덕성은 양심적 결정이며 내면화된 생각으로서, 만약 어긴다면 자기 비난과 최악을 초래한다고 생각한다.

13 정답 ②

김 교사가 활용한 정보처리과정 요소는 '지각(perception)'이다. 효과적인 지각을 위해서는 충분한 배경을 지식을 제공해주어야 한다. 또한 선행학습을 복습함으로써 지각에 도움을 주도록 해야 한다.

14 정답 ④

답지 ④의 심리교류분석은 의사거래 상담이론이라고도 하며 번(Eric Berne, 1910~1930)에 의해 주창된 이론이다. 정신과 신체를 통합하여 자신에게 진실 되게 살아갈 수 있도록 하는 것은 형태주의 상담의 목적이다. 심리교류분석이 추구하는 상담의 목적은 자율성의 성취이며, 특히 어른 자아를 충분히 활용할 수 있는 능력을 갖게 한다. 그리고 부적절하게 결정된 생활자세와 생활각본으로부터 해방될 수 있도록 도와주어서 자기 긍정과 타인 긍정의 생활자세와 생산적인 새로운 생활각본을 형성할 수 있게 한다.

15 정답 ④

문제에서 제시된 내용은 대화형 인공지능학습(Chat GPT learning)이다. 대화형 인공지능(Chat Generative Pre-trained Transformer)은 사용자와 주고받는 대화에서 인공지능에 따라서 질문에 답하도록 설계된 AI모델이다.

16 정답 ②

교수설계의 일반적인 절차는 분석(A)-설계(D)-개발(D)-실행(I)-평가(E)로 이루어진다. 설계단계는 교수방법(how)을 구체화하는 과정으로 수행목표 명세화, 평가도구 개발, 계열화, 교수전략 및 매체선정 등의 활동이 이루어진다.

17 정답 ④

허시(P. Hersey)와 블랜차드(K. H. Blanchard)의 상황적 지도성 이론에서 구성원의 성숙 수준에 따라 문제의 답지 'ㄱ'인 경우 지시형(높은 과업, 낮은 관계). 답지 'ㄴ'인 경우 설득형(높은 과업, 높은 관계), 답지 'ㄷ'인 경우 참여형(낮은 과업, 높은 관계), 답지'ㄹ'인 경우 위임형(낮은광업, 낮은관계)의 지도성을 제시하였다.

18 정답 ③

전문적 관료제는 일정한 규정과 규칙하에 교직원들의 자율권이 보장되는 민주적 조직을 의미한다. 따라서 의사소통이 횡적 · 종적으로 잘 이루어지며 교사들의 전문성이 잘 발휘될 수 있는 조직유형이다.

19 정답 ③

답지 ③에서 학교발전기금으로부터 전입금은 **학교회계예산**에 포함된다. 답지 ①에서 학교발전기금은 운영위원장의 명의로 조성하며, 학교운영위원회가 심의 · 의결권을 갖는다. 답지 ②에서 학교발전기금 용도에 해당하지 않는다. 학교발전기금은 학교교육시설의 보수 및 확충, 교육용 기자재 및 도서의 구입, 학교체육활동 기타 학예활동지원, 학생복지 및 학생자치활동의 지원 등에 사용이 된다. 답지 ④에서 초 · 중등 교육법 제33조와 동법 시행령 제64조의 규정에 의하면 학교발전 기금은 학교운영위원회를 중심 조성된 기금으로서 발전기금은 기부자가 기부한 금품의 접수, 학부모 등으로 구성된 학교내외의 조직, 단체 등이 그 구성원으로서 자발적으로 갹출하거나 구성원외의 자로부터 모금한 금품의 접수 등으로 조성한다.

20 정답 ②

답지 ②는 교원지위향상 및 교육활동 보호를 위한 특별법 제4조(교원의 불체포특권)에 "**교원은 현행범인인 경우 외에는** 소속 학교의 장의 동의 없이 학원 안에서 체포되지 아니한다"고 규정하고 있다. 답지 ①은 교육의 기본법 제14조(교원)에 "교원은 법률로 정하는 바에 따라 다른 공직에 취임할 수 있다"고 규정하고 있다. 답지 ③은 교육의 기본법 제15조(교원단체)에 "교원은 상호 협동하여 교육의 진흥과 문화의 창달에 노력하며, 교원의 경제적 · 사회적 지위를 향상시키기 위하여 각 지방자치단체와 중앙에 교원단체를 조직할 수 있다"고 규정하고 있다. 답지 ④는 교육공무원법 제32조(기간제교원)에 "고등학교 이하 각급학교 교원의 임용권자는 교육공무원이었던 사람의 지식이나 경험을 활용할 필요가 있을 때. 예산의 범위 안에서 교원의 자격증을 가진 자중에서 기간을 정하여 교원을 임용할 수 있다"고 규정하고 있다.

동형모의고사 해설편

01 ·· 정답 ②

답지 ②에서 영교육과정이란 공식적 교육과정에 빠져있어서 가르치지 않거나 설령 들어 있다하더라도 매우 소홀하게 가르치는 내용을 말한다. 영교육과정은 아이즈너(E. Eisner)가 주장한 것으로 공식적인 교육과정 문서에 담긴 교육목적과 교육내용의 가치를 되묻고, 더욱 중요한 것이 빠지지는 않았는가 살펴보도록 한다는 점에서 유용한 가치가 있다. 답지 ①은 표면적 교육과정이며, 답지 ④는 표면적 교육과정 가운데 공식적 교육과정이다. 답지 ③은 잠재적 교육과정이다.

02 ·· 정답 ③

답지 ③에서 수행평가는 직접평가이기 때문에 타당성(내용타당도, 결과타당도)확보는 쉽지만 신뢰성 확보가 어렵고 문제 개발이 쉽지 않다. 수행평가란 "학생들의 작품이나 활동을 직접 관찰하고, 관찰된 과정과 결과를 전문적으로 판단함으로써 이루어지는 평가"라고 할 수 있다. 또한 학생이 답을 구하거나 만들어가는 실제과정에서 능력이나 지식을 드러내 보일 것을 요구하는 다양한 검사방법들을 망라하는 광의의 의미를 가지고 있는 것으로, 지·덕·체에 대한 종합적이고 전인적인 평가를 의미한다. 대표적인 유형으로 포트폴리오, 논술시험, 연구보고서, 구술시험 등이 있다.

03 ·· 정답 ④

답지 ④의 '집중이수제'는 2009년 개정교육과정에서 필수로 강조되었다가 2015년 개정교육과정 이후 선택적 방안으로 개정되었다. 2022년 개정교육과정에서 교수-학습의 강조점은 핵심역량 함양(전인교육, 융합적 사고, 메타인지함양, 언어·수리·디지털 기초소양 등), 학생참여형 수업, 학습맞춤형 수업, 디지털 기반학습 등을 강조하고 있다.

04 ·· 정답 ①

문제에서 (ㄱ)은 토큰 강화에 해당한다. 어떤 바람직한 행동에 대해서는 상표를 주고 일정한 숫자의 상표가 모이면 이를 먹는 것, 노는 것, 어디에 가는 것 등과 같은 다른 강화자극으로 바꿀 수 있도록 하는 방법이다. 그리고 (ㄴ)은 뷀페(J. Wölpe, 1973)에 의해 제안된 체계적 둔감법 이다. 그에 의하면 신경증적 행동(불안 공포 긴장)은 조건반사에 의해 학습되는 것이므로, 이와 양립할 수 없는 다른 강력한 자극에 의하여 제지함으로써 부적응 행동을 치료한다.

05 ·· 정답 ④

답지 ①은 '신뢰 대 불신의 단계', 답지 ②는 '주도성 대 죄책감의 단계', 답지 ③은 '근면성 대 열등감의 단계', 답지 ④는 '정체감 대 정체감의 혼미 단계'이다.

정체감 對 정체감 혼미(Identity vs. Identity Confusion, 12~18세)단계의 청년들은 심신양면으로 성숙해짐에 따라 '나는 누구인가?'라는 자기정체감에 질문을 하는 시기이다. 자기정체감은 사회 속에서 각 개인의 역할 및 가치관을 통해 이루어지는 자기 확신으로 일종의 자기 존재에 대한 평가라 할 수 있다.

06 ·· 정답 ③

문제의 예화에서 상현이는 '상황적 지능', 희영이는 '경험적 지능', 민진이는 '요소적 지능'에 해당한다. 그 구체적인 내용을 제시하면 다음과 같다.

상황적 지능	경험적 지능	요소적 지능
• 변화하는 환경에 적응하고 기회를 최적화하는 능력을 말한다. 상황적 지능은 구체적 상황에서 문제해결을 준비하는 개인의 능력을 다룬다.	• 새로운 생각들을 형성하고 관련되어 있지 않은 사실들을 조합하는 능력을 다룬다. 경험적 지능검사는 자동적으로 신기한 과제를 다루는 한 개인의 능력을 측정한다.	• 과정정보를 추상적으로 사고하고 무엇이 필요하게 될 지를 결정하는 능력을 다룬다. 요소적 지능의 요소들을 측정하도록 사용될 수 있는 과제들은 유추(analogies), 어휘(vocabulary)와 삼단논법(syllogisms)이다.

07 ·· 정답 ②

답지 ②에서 다널드 수퍼(Donald E. Super, 1953)의 고안된 발달이론은 자아개념은 직업발달에 매우 중요해서 직업의 선택은 자기의 표현이라고 볼 수 있다. 그는 일생의 단계를 통한 발달은 부분적으로 능력과 흥미를 촉진시키고, 현실 검증을 도우며, 자아개념을 발달시킴으로써 지도될 수 있다고 하였다. 직업 선택이 부모-자녀 관계에서 형성된 개인이 성격과 욕구구조에 의해서 결정된다고 보는 견해는 앤 로우(Ann Roe, 1956)의 욕구이론이다.

08 ·· 정답 ①

지적기능이란 학습자가 어떤 특정 사실이나 정보를 단순히 암기만 하는 것이 아니라 그 사실이나 정보를 실제로 사용하고 적용할 수 있도록 하는 것이다. 예컨대, 삼각형의 넓이를 내는 공식이 '밑변×높이÷2'일 때, 이 공식을 적용해서 실제로 삼각형의 넓이를 낼 수 있는 능력을 말한다. 지적기능의 하위영역을 제시하면 다음과 같다.

변별	• 가장 하위수준의 기능으로 학습자는 두 가지 사물이 같은지 다른지를 변별해 낼 수 있는 기능을 말한다.

개념	• 개념은 이름이나 사물의 독특한 속성에 따라 사물을 분류할 수 있는 기능이다.
법칙	• 법칙은 두 개 이상의 개념을 포함하고 있는 절차적 조작을 실제로 시범해 보이는 기능을 말한다. 예) 피타고라스 원리인 이등변 삼각형의 빗변의 합은 양변의 합의 제곱근과 같다.
문제해결	• 문제해결은 지적기능위계 중에서 가장 고차적이며 가장 복잡하다. 문제해결은 결론에 도달하기 위하여 두 개 이상의 원리를 결합하여 활용할 것을 요한다.

09 ········· 정답 ③

배로우즈(H. Barrows)의 문제중심학습의 이론적 배경은 구성주의적 관점이 반영되어 있다. 따라서 실제와 유사한 학습의 상황이 주어지며, 주요학습의 기법으로 **자기주도학습과 협동학습을 기반으로 탐구적으로 문제**를 해결한다. 문제중심학습의 일반적인 절차는 "문제설정→가설설정→자기주도학습→문제의 재검토→요약(협동학습)→성찰과 반성"으로 이루어진다.

10 ········· 정답 ①

실존주의 교육사상은 교육의 사회적 측면을 경시하는 경향이 있으며, 현대과학을 대해 지나치게 병리적인 관점에서 본다. 또한 인생의 연속성과 비연속성의 이중성을 도외시하며, 교사를 교과지도자나 인격자가 아닌 자유인을 강조함으로써 문화유산 전달에 취약점이 있다. 문제의 답지 'ㄷ'은 진보주의의 한계점이며, 답지 'ㄹ'은 본질주의 사상의 문제점이다.

11 ········· 정답 ②

답지 ②에서 헤르바르트(J. F. Herbart : 1776~1841)의 가장 큰 공적은 주변학으로 맴돌던 교육학을 하나의 독립과학으로 정립한 점이다. 교육목적은 윤리학(kant로부터 영향을 받음), 교육방법론은 심리학(Pestalozzi로부터 영향을 받음)에 기초하여 교육론을 정립하였다. 특히 경험론에 입각한 능력심리학을 비판하고, 경험론과 합리론을 절충한 '표상심리학'을 제안하였다. 그리고 흥미론에 입각한 4단계 교수절차를 제안하여, 그 후 제자들에 의해 체계화되었다.

12 ········· 정답 ④

답지 ㄱ에서 갑오개혁시기에 조선정부는 1895년 5월 10일 「외국어 학교 관제」를 제정 공포하여 신학제에 의한 외국어 학교가 설립되었다. 답지 ㄴ에서 1895년 4월 16일 「한성사범학교 관제」를 제정·공포하고, 1895년 5월 1일 한성사범학교를 한성의 교동에 설치하였다. 답지 ㄷ에서 1895년 발표한 「성균관관제」는 성균관을 3년제 근대적 대학으로 개편할 것을 골자로 하고 있다. 교육의 목적은 학부대신의 관하에 속하여 문묘를 건봉하고 경학과 기타 학과를 이습하는 것이었다. 관립의 고등교육기관이 설립된 것은 2차 조선교육령 시행 시기인 1924년 「경성제국 대학」이다. 답지 ㄹ에서「서당규칙(書堂規則)」은 서당이 항일 민족교육기관으로 전환되자 서당을 탄압하기 위해 1908년 「서당훈령」을 제정하여 서당을 규제하기 시작하였다. 답지 ㅁ에서 한편 조선정부는 1895년 7월 「소학교령」을 제정·공포하고, 동년 8월에 「소학교규칙대강」을 제정하는 한편 한성에 관립소학교를 설치하도록 하였다. 그리고 1899년 4월 4일에는 칙령11호로 「중학교 관제」를 마련하고 다음해 9월에 학부령 제 12호로 공포된 규칙에 의해 관립중학교를 한성에 설치하였다.

13 ········· 정답 ②

선택적 장학에서 동료장학은 정착기에 도달한 교사들이 실시하는 장학으로 초등학교의 경우 각 학년담임 끼리 협동적 동료장학을 할 수 있다. 교사들의 자율성, 협동성, 융통성을 바탕으로 이루어져야 한다.

14 ········· 정답 ③

브룸(V. H. Vroom)의 기대이론은 인지심리학의 정보처리이론에 근거를 둔 이론으로 동기의 강도는 기대(E)·유인가(V)·수단(I)의 결합과 강도가 동기 정도를 결정한다. 여기서 기대(E)는 과업성취에 대한 확률적 기대치이며, 수단(I)은 보상에 대한 확률적 기대치이다. 유인가(V)는 보상에 대한 유인가 이다. 따라서 기대(E)·유인가(V)·수단(I)의 요인 가운데 어느 한 요인이라도 확률값이 '0' 이라면 동기는 거의 나타나지 않을 것이다.

15 ········· 정답 ④

답지 ④의 "학교의 장은 회계연도마다 학교회계 세입세출예산안을 편성하여 회계연도가 시작되기 30일 전까지 학교운영위원회에 제출하여야 한다."의 규정은 초중등교육법 제 30조3(학교회계운영의 2항에 규정되어 있다. 답지 ①, ②, ③은 공립학교회계 규칙에 규정된 내용이다.

16 ········· 정답 ③

테일러(F. W. Taylor)의 과학적 관리론의 가장 큰 공헌은 무엇보다도 능률과 생산 그리고 이윤추구를 기본이념으로 하는 산업조직에 있어서 인간을 가능한 한 최선의 방법으로 생산과정에서 활용하는 기술과 지식체계를 확립했다는 점이다. 그러나 인간을 조직의 부품으로 전락시키며 인간소외, 주체성 상실 등을 초래할 가능성이 크다. 답지 ①, ②, ④는 인간관계론의 특징이다.

17 ········· 정답 ③

〈유형Ⅳ〉는 사육조직으로서 조직이 법에 의해서 고객을 받아들이지 않으면 안 되고, 고객도 참여하지 않으면 안 되는 조직이다. 사육조직의 대표적인 기관으로 공립의 초등중등학교가 대표적인 것이다. 답지 ①은 〈유형Ⅲ〉이며, 답지 ②는 〈유형Ⅱ〉이며, 답지 ④는 〈유형Ⅰ〉이다.

18 ········· 정답 ①

평생교육법에서 평생교육"이라 함은 학교의 정규 교육과정을 제외한 모든 형태의 조직적인 교육활동을 말한다(평생교육법 제2조). 그리고 국가·지방자치단체 기타 공공기관의 장 또는 각종 사업의 경영자는 소속 직원의 평생학습기회를 확대하기 위하여 유급 또는 무급의 학습휴가를 실시하거나 도서비·교육비·연구비등 학습비를 지원할 수 있다고 규정되어 있다(평생교육법제8조). 학원의 성립 및 운영에 관한 사항은 「학원설립·운영 및 과외교습에 관한 법률」이 따로 정해져 있다. 평생교육법은 국가가 평생교육을 진흥해야할 법률적인 근거를 마련하고 있다.

19 ··· 정답 ②

문제의 첫 번째 사례는 골렘효과(Golem Effect)에서 해당한다. 즉 교사가 학생에게 낮은 기대를 하면 학생이 실제로 낮은 성취를 하는 효과를 말한다. 즉 교사가 학생에게 부정적인 기대를 하면 실제로 학생에게 부정적인 결과가 나타난다는 것이다. 플러시보 효과(placebo effect)는 위약(僞藥)효과로 정서적으로 반응하기 좋아하거나, 의존적이며 관습적인 경향이 있는 학생들에게 많이 나타난다. 프러시보 현상도 상징적 상호작용에 근거하여 설명이 가능한 현상이다.

20 ··· 정답 ④

문제의 내용은 학력팽창이론 가운데 콜린스(Collins)의 지위경쟁(계층 경쟁이론)이론이다. 이 이론은 기술·기술이론의 비판으로부터 출발한다. 그에 의하면 교육은 내부 성원들에게는 정체성을 부여하고 외부인들에게 장애물이 됨으로써 지위문화를 강화하는데 있다. 교육적 요구에 대한 투쟁은 특권적 지위를 독점하려는 지배집단과 그 지위에 들어갈 기회를 얻으려는 종속집단 간의 갈등을 유발한다. 우월한 지위집단이 그들의 특권적 지위를 강화하기 위해 교육적 요구를 한층 더 상승시킴에 따라 보다 낮은 사회적 지위집단도 더 많은 교육기회를 요구한다. 높은 지위집단과 낮은 지위집단간의 갈등은 교육을 급속히 확대시키는 데 있어서 기술변화 보다 더 큰 영향력을 미친다는 것이다.

동형모의고사 해설편

01 ··· 정답 ①

교육의 본질적 기능이란 교육은 다른 어떤 것의 수단이 될 수 없고, 교육이 지니는 고유의 기능이 있다는 것이다. 본질적 기능의 가장대표적인 관점은 교육이라는 개념에 함의된 기능, 즉 인간을 가르치고 기르는 기능이다. 답지 ②, ③, ④는 교육의 수단적 기능에 해당한다.

02 ··· 정답 ③

답지 ①에서 포스트모더니즘(Post-modernism)은 반합리주의를 추구한다. 따라서 이성적 이고 주체적 자아인 보다는 열린자아인 추구한다. 답지 ②에서 포스트모더니즘(Post-modernism)은 교육내용에 있어서 실천적 지식을 강조한다. 답지 ③에서 포스트모더니즘(Post-modernism)의 교육방법면은 해석적 읽기 중심에서 해체적 쓰기로의 전환을 강조한다. 답지 ④에서 포스트모더니즘(Post-modernism)의 교육평가는 실제상황을 기반으로 하는 수행평가를 강조한다.

03 ··· 정답 ②

문제에서 제시된 내용은 중세대학의 특징이다. 중세대학은 십자군전쟁 이후 시민계급의 등장과 사라센문화가 전래되고, 스콜라철학의 발달함에 따라 성당학교 부설에 일반연구소가 설치되고, 여기에서 결성된 교수와 학생의 조합(guild)을 모태로 설립되었으며, 고도의 자치권을 행사하였다.

04 ··· 정답 ④

이황(李滉 : 1501~1570)은 인간고유의 가치와 인간다움의 본질에 대한 성찰과 추구를 학문의 목표로 삼았다. **위기지학(爲己之學)** 은 도리(道理)를 우리가 마땅히 알아야 할 것으로 삼고, 덕행(德行)을 우리가 마땅히 행해야 할 것으로 삼아, 가까운 데서 공부를 시작하여, 심득궁행(心得躬行)을 기약하는 것이라고 하였다. 그리고 이황에게 있어서 경(敬)이란 일심의 주재이며, 만사의 근본이요, 성학의 처음과 끝을 이루는 요법이다. **거경(居敬)은** 지적 행위와 실천 행위를 보다 넓고 깊게 철저화한 개념으로 일신의 주재인 심(心)을 다시금 주재화한 정신 통일의 상태라고 하였다.

05 ··· 정답 ③

「평생교육법」제2조(정의)에서 "평생교육이란 학교의 정규교육과정을 제외한 학력보완교육, 성인 문해교육, 직업능력 향상교육, 성인 진로개발역량 향상교육(2024. 4. 19시행), 인문교양교육, 문화예술교육, 시민참여교육 등을 포함하는 모든 형태의 조직적인 교육활동을 말한다."라고 규정되어 있다.

06 ··· 정답 ②

답지 ②는 기능주의 사회학이다. 신교육사회학은 교육제도와 기능 중심의 교육사회학을 교육내용과 과정, 학교내부 현상에 관심을 두는 교육사회학으로 변화시키는 역할을 하였다.

07 ··· 정답 ①

우리나라는 해방 후 고등교육, 중등교육, 초등교육 순으로 학교교육이 급격히 팽창하였다. 특히 중등교육과 고등교육의 팽창은 놀랄만한 사건이라고 할 수 있다. ㉠은 기능주의 이론을 배경으로 하는 기술기능이론, ㉡은 갈등주의 이론을 배경으로 하는 지위경쟁이론에 해당한다.

08 ··· 정답 ④

블로와 던컨(P. M. Blau & O. D. Duncan)은 기능주의자로 「지위획득모형」에서 "개인이 받은 교육과 초기 경험은 그의 직업적 성공에 큰 영향을 미치며, 이러한 영향력은 배경 요인보다 강하다."고 하였다.

09 ··· 정답 ①

문제의 사례는 전조작기 아동들에서 나타나는 '중심화 현상'이다. 중심화 현상은 사물을 단일 차원에서 직관적으로 분류하기 때문에 나타나는 현상이다.

10 ··· 정답 ②

에임스와 매어(Ames & Maehr)의 목표지향성 이론(goal orientation theory)에서 학습목표(Learning goal)를 지닌 학생의 관심은 얼마나 많은 실수를 하는지, 혹은 얼마나 서투르게 보이는지 관계없이 학습과 향상에 있다. 학습목표를 세우는 학생들은 도전거리를 찾고, 어려움에 직면했을 때에도 지속해 나가는 경향이 있다. 답지 ㄱ과 ㄷ은 수행목표(performance goal) 지향적인 학생들이 지니는 특징이다. 수행목표 지향성을 지닌 학생의 관심은 다른 사람들에 의해 자신이 어떻게 평가되는지에 관심을 갖는다. 그리고 자신이 똑똑하게 보이기를 원하며 무능하게 보일 가능성을 피한다. 또한 무엇을 학습 했는가 혹은 얼마나 열심히 노력했는가 보다 그들은 자신의 수행에 대한 평가를 중요시한다.

11 ··· 정답 ③

문제의 사례는 일반화 현상이다. 일반화란 하나의 자극상태에서 강화된 행동은 다른 상태에서도 일어날 가능성이 많다는 것이다.

12 ·· 정답 ④

문제에서 제시된 상담이론은 '개인심리 이론'이다. 개인 심리학은 아들러(Alfred Adler 1870~1937)에 의해 개발된 성격이론과 심리치료, 이론체계이다. 그는 성격이론에서 열등감극복과 우월성 추구를 강조하였다. 이는 인간이 지니는 성장의 원동력에 해당한다.

13 ·· 정답 ④

답지 ④에서 내용타당도는 전문가들의 의해 논리적으로 판단되는 질적 타당도이다. 답지 ①에서 내용타당도는 통계적으로 검증되는 것이 아니라 전문가의 질적 판단에 의해 이루어진다. 답지 ②에서 내용타당도는 학교검사에서 일차적으로 검토되는 타당도이다. 답지 ③에서 내용타당도는 내적 준거에 의해 검증한다.

14 ·· 정답 ③

잠재적 교육과정의 보수적 관점(기능주의)에서는 학생들은 학교생활을 하는 동안 은연중에 어떤 사회규칙이나 규범을 배우면서 사회인으로 성장하게 된다. 학교에서 의도되지 않은 가운데 배운 사회적 규범들은 학생들에게 기존의 정치, 경제 및 사회문화의 환경 속에 적응할 수 있는 특정 가치관을 형성하게 함으로써 장차 성인이 되어 사회생활을 하는 행동의 양식을 결정하게 되어 사회적 안정에 이바지한다는 것이다. 문제의 답지 'ㄱ'은 잠재적 교육과정에 대한 '급진적 관점(갈등주의)'이다.

15 ·· 정답 ②

답지 ②에서 구성주의는 비정형화된 지식의 구조를 다룬다. 답지 ①에서 구성주의(Constructivism)는 기초학습보다는 고등한 정신능력을 강조한다. 답지 ③에서 평가에 있어서 과정상의 평가인 형성평가를 중요시한다. 답지 ④에서 학습 환경은 실제상황과 유사한 학습 환경을 제공해야한다.

16 ·· 정답 ①

구안법(Projected method)은 진보주의 교육학자인 킬패트릭(William Heard Kilpatrick)이 고안한 방법으로 학생의 관념을 외부에 구체적으로 실현하기 위하여 스스로 계획을 세워 수행하도록 하는 학습지도 형태이다. 구안법의 특징으로는 사실적인 자료(물질적 자료)의 활용, 실제적이고 구체적인 활동을 통해서 현실적인 결과를 도출, 학습과제를 스스로 선택하여 수행, 개인차에 따른 활동 등이 가능하다. 절차는 '목적-계획-수행-평가'의 순으로 진행된다.

17 ·· 정답 ①

답지 ①에서 정직은 신분은 보유하나 직무에 종사 못하며, 18개월+정직처분기간 승진, 승급이 제한된다. 그리고 처분기간은 경력평정에서 제외되며, 보수의 전액이 감액된다. 답지 ②에서 해임은 공무원 관계로부터 배제되며, 3년간 공무원 임용 결격사유가 된다. 답지 ③에서 견책은 경징계에 해당하며 6개월간 승진, 승급 제한된다. 답지 ④에서 감봉은 보수의 1/3이 감액되며, 12월+감봉처분기간 승진과 승급이 제한된다.

18 ·· 정답 ②

목표관리(Management by Objectives)란 구성원의 참여를 통해서 활동목표를 명료화하고 체계화하여 관리의 효율성을 높이는 관리기법이다. 1954년 드로커(P. Drucker)가 「경영의 실제」에서 기업의 성패는 명확한 목표설정과 경영자의 목표관리 여하에 따라서 결정된다고 강조한데서 비롯되었다. 이를 오디온(G. Ordione)의해 일반화한데서 비롯되었다. 이를 학교조직에 적용할 경우 학교교육활동을 학교교육의 목표에 집중시킴으로써 교육의 효과성과 효율성을 높일 수 있다. 또한 교직원들의 참여로 인한 사기와 직무만족을 높일 수 있다. 그리고 이러한 기법은 학교조직의 관료화를 방지하여 교직의 전문성을 높일 수 있다.

19 ·· 정답 ④

변화지향적 지도성은 학교를 개방체제이론에 근거한 것으로 비전설정 및 공유, 인간 존중, 지적자극, 높은 성과 기대, 목표 수용, 솔선수범, 학교 문화 창조, 집단 참여 허용 등을 지도자가 갖추어야 할 주요 특성으로 제시하고 있다.

20 ·· 정답 ①

답지 ①에서 만족화 모형은 합리성의 한계를 전제하는 현실적 모형이다. 답지 ②에서 점증모형은 기존의 정책을 현실에 맞지 않는 부분만을 점증적으로 개선에 나가는 보수적 모형이다. 답지 ③에서 직관적 판단과 초합리성을 강조하는 모형은 드로(Y. Dror)가 주장한 최적모형이다. 답지 ④에서 장기적 정책과 단기적 정책을 동시에 추구할 수 있는 모형은 혼합모형이다.

동형모의고사 해설편

01 ··· 정답 ①

답지 ①에서 고려시대 국자감은 문무관의 품계에 따라 엄격하게 신분을 가려 입학시켰으나 잡학(율학, 서학, 산학)인 경우 일반 서민의 자제도 입학이 가능하였다. 답지 ②에서 양현고를 설치하고 국자감에 문무7재를 두어 운영한 왕은 예종(16대 즉위 1105년)이다. 답지 ③에서 성종(6대)의 유경습업제도는 지방 호족자제들을 국자감에 입학 시키는 제도로 정치적으로 호족들을 통제하기 위하 볼모제도였다. 답지 ④에서 문묘와 교육기능을 갖춘 중등교육기관이 중앙과 지방에 설립한 왕은 인종(17대 즉위 1122년)이다.

02 ··· 정답 ②

답지 ①에서 아리스토텔레스는 개인과 국가의 행복을 위하여 국가가 개인의 교육을 관장해야 한다고 하였다. 답지 ②에서 아리스토텔레스는 신체단련→정서 단련(습관형성, 인격교육)→이성 도야의 순으로 발달단계에 따른 교육을 주장하였다. 답지 ③에서 아리스토텔레스는 교육사상은 윤리적인 동시에 정치적인 측면에서 접근하고 있다. 답지 ④에서 아리스토텔레스는 직업교육보다는 여가를 위한 시민교육을 강조하였다.

03 ··· 정답 ④

답지 ④의 내용은 실학사상가 이자 계몽주의 사상가인 로크(J. Locke)의 **'체벌반대론'**이다. 답지 ①은 실존주의 교육에서 강조하는 비연속적 형식의 교육방법에 대한 설명이다. 답지 ②는 실존주의사상에 강조하는 학생 자신의 인생의 선택과 책임의식에 대한 설명이다. 답지 ③은 실존주의 교육사상이 추구하는 교육목적에 대한 설명이다.

04 ··· 정답 ③

타일러(R. Tyler)는 교육과정의 이론적 배경이 기능주의, 행동주의 등 전통주의 이론을 지향하는 학자이다. 문제의 답지 ㄴ, ㄷ은 전통주의에 적합한 답지이다. 답지 ㄱ에서 지식을 앎의 과정으로 받아들이는 교육과정이론은 인본주의적 관점이다. 답지 ㄹ에서 타일러의 교육과정이론은 행동주의를 전제하므로 진보주의의 아동중심교육과 상반된 교육과정이론이 된다.

05 ··· 정답 ③

아이즈너(E. Eisner)가 제안하는 영교육과정(null curriculum)은 학교에서 가르쳐지지 않은 부분이지만 학생개인이나 국가적으로 큰 영향을 줄 수 있는 부분을 말한다. 이것은 현대적 삶에 있어서 학생들에게 필요한 교육내용이 무엇인지에 대한 본질적인 문제를 제기한 것이다. 답지 ①은 '실제적인 교육과정'에 대한 설명이며, 답지 ④는 '잠재적 교육과정'에 대한 설명이다.

06 ··· 정답 ④

문항반응이론은 문항은 문항 각각이 불변하는 고유한 속성(불변의 속성)을 지니고 있으므로 그 속성을 나타내는 **문항특성곡선에 의해 문항을 분석하는 검사이론이다**. 답지 ④에서 문항 2의 난이도가 0이라는 것은 문항반응 이론에서 어렵지도 쉽지도 않은 문제가 된다. 만일 고전검사에서는 문항난이도가 0이라면 아무도 정답하지 못하는 매우 어려운 문항이 된다.

07 ··· 정답 ②

답지 ②에서 선택형 검사를 제작하여 오답반응의 정도를 분석하는 것은 교수-학습과정에서 오류를 찾아내는 방법이므로 형성평가에 활용할 수 있다. 답지 ①은 진단평가의 출발점의 행동에 대한 진단이다. 답지 ③에서 형성평가는 교사가 제작한 검사를 활용한다. 답지 ④에서 형성평가는 성적에 반영하지 않는다.

08 ··· 정답 ③

답지 ③에서 지식의 전수를 주된 교육목적으로 삼을 경우 강의 수업이 적합하다. 답지 ①, ②, ④는 강의식 수업이 부적합한 경우이다. 강의식 수업이 적합한 경우와 부적한 경우는 다음과 같다.

적합한 경우	부적한 경우
① 지식의 전수를 주된 교육목적으로 삼을 때 ② 학생이 사용하는 교과서나 참고서에 없는 사실의 전달이나 이해하기 어려운 내용의 설명이 필요할 때 ③ 단기 파지가 우선 필요한 과제를 학습시킬 때 ④ 다른 방법을 통한 수업을 하기 전 단계에서 학습과제에 대한 전반적인 정보 및 방법을 제시하는 경우	① 지식 습득 이외의 목표가 더 강조될 때 ② 장기적 파지가 필요한 과제일 때 ③ 학습과제가 고차적인 것일 때 ④ 수업목표를 달성하는 데 있어서 학생의 참여가 필수적일 때 ⑤ 학생의 지적 능력이 평균 또는 그 이하일 때

09 ··· 정답 ①

하이닉(R. Heinich), 모렌다(M. Molenda), 러셀(J. Russe) 등에 의해 고안된 ASSURE 모델은 수업매체와 자료를 효과적이고 체계적으로 활용하기 위한 지침이다. 문제에서 제시된 활동은 수업도구와 **'자료활용'**의 단계이다.

10 ··· 정답 ④

소극적 강화(negative reinforcement) 또는 부적 강화는 학습자가 싫어하는 자극을 제거해줌으로써 행위를 강화하는 전략으로 답지 ④가 이에 해당한다. 답지 ①, ②, ③은 적극적 강화(positive reinforcement)에 해당한다.

11 ········· 정답 ③

㉠은 동화, ㉡은 조절이다. 동화란 자신이 이미 가지고 있는 도식 또는 인지구조 속에 외부의 대상을 받아들이는 과정이다. 조절은 자신의 도식에 맞지 않을 때, 대상에 맞도록 도식을 변형시키는 것을 말한다.

12 ········· 정답 ②

의사거래 분석 상담 (transactional analysis : TA)는 에릭 번(Eric Berne)에 의하여 주창되고 해리스(T. A. Harris)와 같은 계승자들에 의하여 발전된 체계적 성격이론이며 혁신적 상담이론이다. 이 상담의 목적은 어른 자아를 충분히 활용할 수 있는 능력을 갖게 하는 것이다. 즉 부적절하게 결정된 생활 자세와 생활 각본으로부터 해방될 수 있도록 도와주어서 자기 긍정과 타인 긍정의 생활 자세와 생산적인 새로운 생활각본을 형성할 수 있게 한다.

13 ········· 정답 ②

보장적 평등은 교육평등을 실현하기 위해서는 취학을 가로막는 경제적, 지리적, 사회적 제반 장애를 제거해 주어야 능력이 있음에도 학교에 다닐 수 없는 가난한 집의 수재나 산골의 어린이들도 학교에 다닐 수 있음을 주장하는 것이다. 즉, 취학을 보장해 주는 대책이 필요하다는 것이다.

14 ········· 정답 ③

답지 ①에서 알뛰세는 사회구조론에서 토대구조에 의한 상부구조의 결정론에는 비판적이다. 즉, 상부구조의 약간의 상대적 자율성을 인정해야 한다는 것이다. 답지 ②는 기능주의적 관점이다. 답지 ③에서 상부구조의 상대적 자율성이 오히려 지배질서를 유지하는데 더 유리하다고 지적하고 있다. 이에 학교는 지배질서를 정당화하기 위한 의식조정 장치에 해당된다고 주장한다. 답지 ④는 저항이론에 해당한다.

15 ········· 정답 ④

문제의 사례는 기대효과와 관련된 것으로 자기충족적 예언(self-fulfilling prophecy)에 해당한다. 이는 처음에 어떤 상황을 그릇되게 정의함으로써, 나중에 그것이 현실화되도록 새로운 행동을 불러일으키는 것을 말한다(Merton, 1975).

16 ········· 정답 ②

답지 ②에서 뒤르껨(E. Durkheim)은 학교교육의 목적은 개개인의 능력과 잠재성을 계발하는 것이 아니라 사회가 요구하는 능력과 재능을 계발한다고 하였다. 답지 ①, ③, ④는 뒤르껨의 주장이다.

17 ········· 정답 ③

허즈버그(Herzberg)의 동기위생이론에서 직무만족을 증진 시키는 요인을 동기요인으로 성취, 인정, 책임, 성장가능성, 승진, 작업 자체 등 작업요인이 여기에 속한다.
답지 ①, ②, ④은 위생요인으로 직무불만족을 예방하는 요인이다.

18 ········· 정답 ④

교육공무원법 제29조의4(수석교사의 임용 등)에 다음과 같이 규정되어 있다.

> ① 수석교사는 교육부장관이 임용한다.
> ② 수석교사는 최초로 임용된 때부터 4년마다 대통령으로 정하는 업적평가 및 연수실적 등을 반영한 재심사를 받아야 하며, 심사 기준을 충족하지 못한 경우 대통령령으로 정하는 바에 따라 수석교사로서의 직무 및 수당 등을 제한할 수 있다.
> ③ 수석교사는 대통령령으로 정하는 바에 따라 수업부담 경감, 수당 지급 등에 대하여 우대할 수 있다.
> ④ <u>수석교사는 임기 중에 교장·원장 또는 교감·원감 자격을 취득할 수 없다</u>.

19 ········· 정답 ①

재미슨(D.W. Jamieson)과 토머스(K.W. Thomas)의 개인간의 갈등해결 방법으로 경쟁형, 동조형(수용형), 타협형, 협동형, 회피형을 제안하였다. 타협형은 승자도 패자도 없는 부분적 만족형이다.

20 ········· 정답 ②

지방교육재정 교부금은 **보통교부금과 특별교부금**으로 나눈다. 교부금의 재원은 당해 연도의 내국세 총액의 100분의 20.79에 해당하는 금액과 당해 연도의 「교육세법」에 의한 교육세 세입액 가운데 유아교육지원 특별회계에서 정한 금액과 고등·평생교육지원특별회계에서 정한 금액을 제외한 금액으로 한다.

보통 교부금	당해 연도의「교육세법」에 의한 교육세 가운데 유아교육지원 특별회계에서 정한 금액과 고등·평생교육지원특별회계에서 정한 금액을 제외한 금액과 당해 연도의 내국세 총액의 100분의 20.79에 해당하는 금액의 100분의 97에 해당하는 금액
특별 교부금	당해 연도의 내국세 총액의 100분의 20.79에 해당하는 금액의 100분의 3에 해당하는 금액

동형모의고사 해설편

01 ········· 정답 ④

문제에서 제시된 교육론은 영국의 사회교육운동의 선구자, 사회개혁주의 교육자, 유아학교의 창시자로 알려진 오웬(R. Owen)의 교육론이다. 오웬은 빈곤한 노동자들의 자녀를 위하여 「성격학원」, 「유아학교」를 창설하였다. 또한 12살 이하의 어린아이들이 공장취업을 금지하는 '공장법' 제정 운동에 적극 참여 하여 1819년 공장법이 제정되었다.

02 ········· 정답 ②

문제의 답지 ㄱ은 권근(權近, 1352~1409)의 교육이념이다. 답지 ㄴ, ㄷ은 이황의 교육내용 및 학문탐구 방법에 해당한다. 답지 ㄹ에서 이황은 1557년 『주자서 절요』에서 양명학의 심즉리(心卽理)설과 지행합일(知行合一)설을 비판하였다. 특히 지행병진(知行竝進)설을 통해 지(知)와 행(行)을 구별하면서도 서로 분리할 수 없다고 하였으나 결코 절대적인 변증법적 통일이라고는 보지 않았다.

03 ········· 정답 ③

답지 ③에서 실존주의 교육철학에서는 진정한 교육은 삶의 좋은 측면(자유, 선택, 책임, 개성)뿐만 아니라 삶의 불합리한 측면(죽음, 불안, 고통, 위기)까지 포함한 전체로서의 인간교육을 강조한다. 답지 ①, ②, ③은 실존주의 교육철학의 교육관이다.

04 ········· 정답 ①

문제의 사례는 '동간척도'이다. 동간척도는 명명척도와 서열척도의 특성을 모두 지니고 있으며 동간성(同間性)까지 지니고 있기 때문에 가감이 가능한 척도이다.

05 ········· 정답 ①

실용주의(Pragmatism)는 진보주의 사상의 이론적 근거로서 경험론, 공리주의, 진화론이 결합된 상대주의 사상이다. 답지 ㄱ, ㄴ은 실용주의 교육론의 특징이고, 답지 ㄷ, ㄹ은 재건주의 사상의 특징이다.

06 ········· 정답 ④

답지 ④는 학습경험의 '조직원리'인 통합성의 원리이다. 답지 ①은 만족의 원리, 답지 ②는 일목표 다경험의 원리, 답지 ③은 일경험 다성과의 원리이다.

07 ········· 정답 ②

답지 ②는 '개념-경험주의'에서 강조하는 교육과정의 지향점이다. 재개념주의는 파이너(W. Pinar)가 처음 사용한 용어로 전통주의와 개념-경험주의를 비판하는 입장을 취한다. 이들의 철학적으로 '인본적 마르크시즘'의 성향을 띠며, 연구방법론은 현상학적, 해석적, 질적 연구방법을 사용한다. 교육과정 연구에서 '교육과정의 이해'에 두고 교육내용의 이데올로기적 요소를 분석한다. 특히 교육을 통하여 비판 없이 전승되는 고정관념이나 특정계층에게 유리한 이데올로기로 부터 벗어나 이를 비판할 수 있는 능력을 길러주는 것을 강조한다.

08 ········· 정답 ③

문제의 사례에서 채점자 A와 채점자 B의 채점의 관심사가 다르면 채점의 객관성이 문제가 된다(표준의 착오). 따라서 객관도는 채점자 신뢰도로 신뢰도의 한 종류이므로 양호도 가운데 신뢰도가 문제가 될 수 있다.

09 ········· 정답 ④

문제의 제시문은 가드너(H. Gardner)의 "다중지능이론"의 등장배경을 설명한 것이다. 가드너의 다중지능이론은 지능의 구조에 대한 기존의 이론들이 사용했던 상관계수와 요인분석에 기초하여 발전된 것이 아니라, **두뇌의 해부학적 구조와 개인이 속한 문화의 시각**에서 지적 능력을 분석하여 이론화 하였다. 지능이란 하나의 문화권 또는 여러 문화권에서 가치 있게 인정되는 문제를 해결하고 결과를 창조해 내는 능력이라고 정의하고, 실제적 삶의 능력을 강조하였다.

10 ········· 정답 ①

반두라(A. Bandura)는 인간은 어떤 모델의 행동의 보는 것만으로도 학습이 이루어지는 것을 관찰학습이라고 하였다. (ㄴ)의 파지과정으로 관찰에서 얻은 정보가 장기기억에 일정기간 저장되는 것을 말한다. 답지 ①은 파지, 답지 ②, ③은 (ㄱ)의 '주의집중', 답지 ④는 (ㄹ)의 '동기화'에 대한 설명이다.

11 ········· 정답 ③

문제의 제시문은 3단계인 대인관계 조화 지향적 단계이다. 이 시기에는 감정이입의 능력을 지니며, 다수의 의견(인습)에 따른다.

12 ········· 정답 ②

답지 ②에서 생활지도는 학생의 잘못에 대해 처벌 보다는 지도를 우선시한다. 생활지도는 학생의 전인적 성장, 발달을 위한 조력하고 학생의 잠재가능성의 실현하고자하는 것이 궁극적인 목표이다. 이에 따라 다음과 같은 생활지도의 기본방향을 제시할 수 있다.

- 모든 학생이 생활디도 대상이다.
- 생활지도는 관련 있는 사람들이 협동적으로 실시되어야 한다.
- 학교교육계획의 통합된 일부분으로 보아야 한다.
- 사건을 처리하기 보다는 예방에 역점을 둔다.
- 처벌보다 지도를 우선시해야 한다.
- 생활지도는 과학적 근거에 기초를 두고 실시한다.
- 학생의 전인발달에 역점을 두어야 한다.
- 다양한 이론을 종합하여 접근하도록 한다.

13 ········· 정답 ①

답지 ①의 정교화(elaboration)는 정보처리 이론의 부호화 전략 중의 하나이며, 수업시간에 배운 내용을 기존의 인지구조에 유의미하게 통합하여 학습자의 인지구조를 재체제화 하는 방법이다. 인지도제 수업은 비코츠기 근접발달영역을 이론적 배경으로 하는 수업으로 실제상황에서 이루어지는 전통적인 도제 방법의 장점을 최대한 수용하되, 이를 현대 사회의 요구에 비추어 창의적, 반성적 사고와 문제해결 등과 같은 내적인 고등정신 기능을 학습하는데 적합하도록 재구성한 교수-학습방법이다. 주요 전략으로 모델링(시범)-코칭-비계-명료화-성찰 등의 과정으로 이루어진다.

14 ········· 정답 ④

문제의 제시문은 '함께하는 학습모형(learning together)'이다. 이는 미국 미네소타 대학의 데이비드 존슨과 로저 존슨에 의해 1975년에 개발되었다. 특히 존슨 방법은 집단토의 및 집단적 결과를 활용하여 목적뿐만 아니라 수단으로써 협동을 강조하였다.

15 ········· 정답 ①

답지 ①에서 슐츠의 인간자본은 교육에 따른 개인 간의 소득격차를 설명할 수 있는 이론이다. 즉, 교육은 개인의 능력을 향상시키며, 개인의 능력이 향상되면 산업사회의 생산성이 증대되어 국가경제가 급속하게 발전할 것이며, 개인소득 또한 증가 할 것이라는 전제를 하고 있다. 답지 ②는 맥클래랜드의 성취동기이론이며, 답지 ③, ④는 갈등이론에서 주장하는 내용이다.

16 ········· 정답 ④

결과평등관(보상적 평등관)은 교육을 받는 것은 단순히 학교에 다니는 데에 목적이 있지 않고, 배워야 할 것을 배우는 데에 목적이 있으므로 교육 결과가 같아야 한다는 관점이 등장하였는데 이를 결과평등이라고 한다. 결과의 평등을 이루려면 우수한 학생보다 열등한 학생에게 더 좋은 교육조건을 제공하는 일종의 역차별 교육해야한다. 결과의 평등을 위해서 등장한 것이 '보상적 평등관'이다. 답지 ①, ②는 능력주의에 입각한 기회평등으로 '허용적 평등'과 '보장적 평등'이 여기에 속하면 답지 ③은 교육조건의 평등이다.

17 ········· 정답 ②

문제의 제시문은 교육행정에 관한 '협동적 행위설'에 대한 설명이다. 이는 교육조직의 공동목표를 달성하기 위해 다른 사람들(상급자, 동료, 하급자)이 합리적 협동행위를 이룩하려는 작용으로 보는 입장으로 경영설의 관점이다.

18 ········· 정답 ④

헤즈버그(Herzberg)는 '동기-위생이론'에서 인간의 욕구는 이원적(저층욕구, 고층욕구)이며, 조직에서 만족요인과 불만족요인은 별개의 차원으로 제시하였다.
동기요인은 직무수행에 있어서 만족을 주는 요인(성취, 인정, 작업자체, 책임, 발전)이며, 위생요인은 불만족을 예방하는 요인(교육정책과 행정, 감독, 임금, 대인관계, 근무조건)이다. 답지 ①은 아지리스의 성숙-미성숙이론, 답지 ②는 앨더퍼의 ERG이론, 답지 ③은 맥그리거의 X, Y이론이다.

19 ········· 정답 ①

답지 ①에서 학교운영위원회 구성(본법 31조에 따른 시행령 제58조)에서 교장은 당연직 교원위원이 된다. 답지 ②에서 지역위원은 학부모위원 또는 교원위원의 추천을 받아 학부모위원 및 교원위원이 무기명투표로 선출한다. 답지 ③에서 학부모위원은 40~50%범위에서 선출하게 되어있다. 교원위원 30~40%, 지역위원 10~30%로 구성한다. 답지 ④에서 위원장과 부위원장은 교원위원이 아닌 위원 중에서 무기명 투표로 선출한다.

20 ········· 정답 ③

답지 ③에서 의무교육기관은 사육조직으로서 학교구성원은 강제적으로 형성되어지는 경향이 높다. 즉 학생의 학교선택권도 없으며 학교도 학생선택권이 없다. 답지 ①에서 학교조직이 문화풍토는 통제와 자율의 중간정도이다. 그리고 답지 ②에서 학교조직은 일반조직에 비해 직능이 세분화 되어 있지 않다. 답지 ④에서 의무교육기관은 조직의 생존을 법으로 보장해주기 때문에 다른 학교집단과 경쟁할 필요가 없다. 학교집단간의 경쟁이 필요한 곳은 야생조직(예 : 대학 등)이다.

유길준 교육학

동형모의고사 해설편

14

01 .... 정답 ①

문제에서 제시된 교육론을 주장한 학자는 근대교육의 아버지인 코메니우스(Johann Amos Comenius)이다. 그의 교육관은 범지학에 기초한다. '모든 사람에게 모든 것을 모든 방법을 통해 우리 주변에 존재하는 실재(reality)를 파악하고자 한다. 그리고 교수법에 있어서 감각적 직관의 원리, 자연의 질서에 따른 교수법을 주장하고, 4단계 단선학제, 만민 평등사상에 입각한 교육의 기회균등 등을 주장하였다.

02 .... 정답 ③

답지 ㄹ에서 포스트모더니즘의 탈문화 정전주의(다문화적 관점)는 다양한 문화의 개성 자체를 중시하기 때문에 표준어 보다는 각 지역의 언어를 존중하고 이들이 조화를 이루도록 하는 것이다. 답지 ㄱ, ㄴ, ㄷ은 포스트모더니즘의 다문화적 관점의 교육론에 해당한다.

03 .... 정답 ②

답지 ①에서 조선시대 향교는 교관자격은 교수(종6품), 훈도(종9품)의 품계를 지닌 문과(대과)급제자들 이었다. 답지 ②는 서원에 대한 설명이고, 향교는 문묘제례를 행하였다. 답지 ③에서 향교의 교육의 목적은 지방인재 육성과 지방민 교화(미풍양속 정립) 기능이 있었다. 답지 ④에서 향교는 양반 사족뿐 아니라 일반 평민의 자제들도 입학할 수 있었다.

04 .... 정답 ④

답지 ④에서 평생학습사회는 지식이 폭발적으로 증가하는 사회이므로 학습자의 자기주도적 학습능력이 매우 중요시 된다. 답지 ①에서 평생학습사회는 정보화 사회의 다양한 문화를 학습자 중심으로 습득하는데 중점을 둔다. 답지 ②에서는 평생학습사회에서 학습과 평가는 교육수요자 중심이 되어야 한다. 따라서 전문가에 의한 평가뿐만 아니라 자기평가 등도 중시되는 시대이다. 답지 ③에서 평생학습사회는 소유를 위한 학습이 아니라 존재를 위한 학습에 강조점을 둠으로서 교육의 본질을 추구한다.

05 .... 정답 ③

자기충족적 예언(self-fulfilling prophecy)이란 처음에 어떤 상황을 그릇되게 정의함으로써, 나중에 그것이 현실화되도록 새로운 행동을 불러일으키는 것을 말한다(Merton, 1975). 예건데 어떤 아동이 수학을 잘 할 수 없다고 믿는다. 그래서 그 아동은 수학시간에 낮잠을 자며 대체로 수업과 숙제를 경시한다. 그는 공부를 잘할 수 없을 것이라고 미리 예측하여 공부를 제대로 하지 않았기 때문에 수학시험에 실패하게 된다는 것이다.

06 .... 정답 ②

우리나라 고교 평준화는 개념상 교육조건(학교시설, 교육과정, 교사의 질)의 평등화에 해당되지만 평준화 정책 추진의 목적이 <u>고교입시문제 해결을 위한 학교 간 학생의 균등배치에 초점을 두었기 때문에 중등교육의 평등화 내지 보편화에 공헌하였으나</u> 실질적인 조건의 평등화에는 관심이 적었다. 답지 ④의 중등교육의 종합학교(comprehensive school)화 추세는 영국에서 1960년대 보장적 평등책의 일환으로 시행된 정책이다.

07 .... 정답 ④

문제의 사례는 정보처리이론의 부호화 전략이다. 특히 부호화 전략 가운데 정교화 전략이다. 정교화란 수업시간에 배운 내용을 기존의 인지구조에 최대한 유의미하게 통합하여 인지구조를 재체제화 하는 것이다.

08 .... 정답 ③

답지 ③에서 강성취동기를 지니고 있는 학습자는 자신의 능력으로 달성가능한 과제(적절한 난이도)를 선택하는 경향이 있다. 답지 ①에서 자아개념이 긍정적인 학생들은 비교적 자신의 성공에 대해 <u>내적으로 귀인 시키려는 성향</u>을 지니고 있다. 답지 ④에서 목표지향성의 관점에서 학습자가 수행목표 보다 <u>학습목표</u>를 지니는 것이 바람직하다고 하였다.

09 .... 정답 ④

답지 ④에서 비고츠키(L. Vygotsky)의 인지발달이론의 기본전제는 아동의 인지발달은 사회적 상호작용을 통해 발달하여 또한 아동이 살고 있는 사회문화적 환경을 떠나서 설명할 수 없다. 즉, 인지발달은 아동에 대한 문화 기대와 활동들을 반영한다. 답지 ①, ②, ③은 피아제(J. Piaget)의 인지발달이론의 전제이다.

10 .... 정답 ③

행동주의 기법은 행동을 강화(증가)하거나 행동을 제지하거나 감소시키는 기법이 있다. 행동을 강화하는 기법으로 행동조형, 모델링, 행동계약, 토큰강화 등이 있고, 행동을 감소시키는 방법으로는 소거, 타임아웃, 포만, 처벌, 양립할 수 없는 행동강화, 체계적 둔감법 등이 있다.

11 .... 정답 ③

답지 ③에서 수학을 C점수로 환산하면 C=2×(40-20/10)+5=9이므로 1등급에 해당한다. 답지 ①에서 원점수만으로는 어떤 과목이 우수한지 판단할 수 없다. 답지 ②에서 두 과목을 T점수로 환산하면 T국=50+(75-60/15)×10=60점이고, T수=50+(40-20/10)×10=70점 이므로 수학이 우수하다. 답지 ④에서 수학은 표준점수로 환산하면 40-20/10 =2점 이므로 상위 2.5%안에 드는 우수한 성적이다.

12 ··· 정답 ①

답지 ①에서 준거참조평가는 전인평가가 가능한 평가이다. 답지 ②에서 곤란도를 적절하게 맞추어야 하는 평가는 규준참조평가(Norm reference evaluation)이다. 답지 ③에서 준거참조평가는 타당성에 역점을 두는 평가이다. 답지 ④에서 준거참조평가는 원점수 자체가 목표성취도를 나타내므로 그 자체로 의미가 있다.

13 ··· 정답 ②

답지 ②에서 중학교 자유학기제는 기간 단축과 영역을 축소하였다. 즉, 1학년 두 학기를 1학년 한 학기로 하고, 주제선택, 진로탐색, 예술·체육, 동아리활동(170시간)을 주제선택, 진로탐색(102시간을 변경)의 두 개영역으로 축소하였다. 답지 ①, ③, ④는 2022년 개정교육과정의 주요특징이다.

14 ··· 정답 ①

문제의 제시문은 라이머(Rimer)의 「학교는 죽었다.」에 나오는 것으로 잠재적 교육과정의 역기능(사회재생산)을 설명하기 위해 제시한 내용이다. 이는 잠재적 교육과정의 급진적 관점으로 학교교육과정을 통해 은밀히 재생산을 실천하는 점을 비판하는 내용이다.

15 ··· 정답 ③

문제의 답지 ㄱ은 만족감 전략 가운데 **자연적 결과 강조전략**이다. 답지 ㄴ은 만족감 전략가운데 **긍정적 결과 강조 전략**이다. 답지 ㄷ은 관련성 전략 가운데 **목적의 실용성 강조 전략**이다. 답지 ㄹ은 주의집중 전략 가운데 **다양성 전략**에 해당한다. 답지 ㅁ은 만족감 전략 가운데 **공정성 강조의 전략**이다.

16 ··· 정답 ③

답지 ③에서 선행조직자의 제공은 오수벨의 설명식 수업에서 강조하는 기법이다. 답지 ①에서 문제기반학습에서는 학생들에게 직접적인 답을 주는 것이 아니라 메타인지 수준에서 상호작용을 한다. 답지 ②에서 문제기반학습에서는 학습안내자, 조력자, 공동학습자의 역할을 한다. 답지 ④에서 질문하기와 여러 형태의 수업발판(비계 : scaffolding)을 제공한다.

17 ··· 정답 ④

답지 ①에서 교육공무원의 징계 가운데 강등은 중징계에 속한다. 답지 ②에서 교원은 법률 규정에 근거하여 다른 공직에 취임할 수 있다(교육기본법 제14조5항). 답지 ③에서 경고는 법률상 징계처분이 아니기에 인사상의 불이익은 없다. 경고의 종류에는 불문경고, 서면경고(인사자력에 기록, 근무성적 평정에 반영) 구두경고(근무성적 평정에 반영) 등이 있다. 불문경고인 경우 원래 징계 대상이나 여러 가지 사유를 참작하여 경고로 낮출 경우, 개인의 인사자력에 남으며, 근무성적 평정에 반영된다. 단 그 외에 인사상의 불이익은 없다. 이는 법률상의 징계처분은 아니지만 표창수상 등에서 불이익이 있기 때문에 항고가 가능하다. 답지 ④에서 교원의 전직의 대표적인 사례로 교사가 장학사로 이동하는 것이다.

18 ··· 정답 ②

문제의 제시문은 코헨(Cohen), 마치(March), 올센(Olsen)등이 개념화한 '조직화된 무질서'에 관한 내용이다. 조직화된 무질서에서 의사결정은 주먹구구식 의사결정이라는 의미에서 의사결정 쓰레기통모형이라고 한다. 쓰레기통모형에서는 문제, 해결책, 참여자, 선택의 기회라는 네 개의 비교적 독립적인 영역이 혼합되어 있다는 것이다.

19 ··· 정답 ②

피들러(F. Fiedler)는 상황중심 지도성이론을 제안하였다. 기본적인 가설은 집단성과는 지도자의 동기구조와 지도자의 상황에 대한 통제와 영향력에 의해 결정된다는 것이다. 그리고 지도성의 결정요인으로 지도자와 부하와의 관계, 과업구조, 지위권력 등을 제시하였다.

20 ··· 정답 ①

임상장학(clinical supervision)은 코간(M. Cogan)에 의해 개발되었으며 에치슨(Acheson)에 의해 발전되었다. 교실현장에서 장학자와 교사가 1 : 1의 친밀한 관계 속에서 교사의 교수기술 향상과 계속적인 전문적 성장을 위하여 계획협의회, 수업관찰, 피드백협의회의 과정을 거치는 특별한 하나의 장학대안이다.

동형모의고사 해설편 15

01 .... 정답 ③

답지 ①에서 삼국시대의 교육사상은 불교와 유교의 영향을 받았다. <u>유교는 학문적인 성격의 특성 때문에 형식적인 교육(학교교육)의 발전에 영향을 주었으며</u>, 불교는 비형식적인 교육에 영향을 주었다. 답지 ②에서 고구려의 태학의 주요교과목은 오경(시전, 서전, 주역, 예기, 춘추)과 삼사(사기, 한서, 후한서) 등 이었다. 소학과 사서오경은 송대유학으로 조선시대 주요과목이었다. 답지 ③에서 백제의 내법좌평은 조선시대의 예조에 해당하는 관직으로 교육과 풍화를 담당했을 것으로 짐작할 수 있다. 답지 ④에서 신라의 화랑도제도는 고유사상인 풍류사상(風流思想)과 공자의 충효사상(忠孝思想), 석가(釋迦)의 금악행선사상(禁惡行善思想), 노자(老子)의 묵언실천사상(默言實踐思想)을 기반으로 하였다.

02 .... 정답 ④

답지 ① 플라톤의 교육사상이며, 답지 ②는 소크라테스의 교육사상이다. 답지 ③은 이소크라테스의 교육사상이며, 답지 ④는 아리스토텔레스의 교육사상이다. 그는 교육목적을 행복한 삶에 두었다. 이를 위해 지적 탁월성과 도덕적 탁월성을 통해 중용의 덕을 길러야 한다고 하였다.

03 .... 정답 ④

실존주의 교육에서는 행동주의 교육에서 강조하는 기술로서 교육을 연속적 형식의 교육으로 비판하고 있다. 실존주의 교육에서는 전인교육과 주체적 진리, 그리고 인문학 및 예술교과를 강조한다.

04 .... 정답 ②

교육과정의 이론적 배경 가운데 전통주의는 1918년 보비트(F. Bobitt)에서 비롯하여 1949년 타일러(R. Tyler)가 이론의 체계를 완성하였다. 전통주의자들은 실용적인 입장과 행동주의적인 입장을 취한다. 따라서 교육의 목적을 표준화된 행동변화에 초점을 두고 있다. 이런 관점은 행동주의적 기초 즉 아동을 원하는 목적에 따라서 길러낼 수 있다는 전제를 숨기고 있다.

05 .... 정답 ③

지식의 구조는 여러 가지 의미로 사용될 수 있는데 지식의 이면에 감추어져 있는 지식의 핵심개념, 지식의 기본개념과 원리, 일반적 아이디어 등을 의미하는 것으로 생성력과 경제성이 높다. 그리고 지식의 구조는 각 교과를 특징짓는 독특한 안목과 이해를 가지며, 학문에 내재한 정보, 개념, 원리 이론 등 학문들을 구성하는 요소들과의 관계를 의미한다.

06 .... 정답 ③

답지 ①에서 문항1의 곤란도 지수는 33%이므로 충분히 쓸 수 있는 문항이다. 답지 ②에서 문항2는 변별도지수가 0이므로 쓸모없는 문항이다. <u>답지 ③에서 문항3은 곤란도지수 83%, 변별도지수 −0.33이므로 수정해야 한다.</u> 답지 ④에서 문항9는 곤란도지수 50%, 변별도지수 0.33이므로 양호한 문항에 해당한다.

07 .... 정답 ④

답지 ④에서 2022년 개정교육과정에서는 창의적 체험활동을 자율·자치 활동, 동아리 활동, 진로 활동으로 조정하였다. 답지 ①에서 초등학교에서는 기초문해능력 강화를 위해 한글해독교육을 위해 국어시간을 34시간 증배하였다. 답지 ②에서 중학교 과정 중 <u>한 학기는 자유학기로 운영하되</u>, 해당 학기의 교과 및 창의적 체험활동을 자유학기 취지에 부합하도록 편성·운영하며, 지역 및 학교 여건을 고려하여 자율적으로 학생 참여 중심의 <u>주제선택 활동과 진로 탐색 활동</u>(※종전 주제선택 활동과 진로 탐색 활동, 예술·체육활동, 동아리 활동)으로 운영하도록 하고 있다. 답지 ③에서 고등학교 교육과정에서는 교육과정의 성격을 학점기반 선택과정으로 명시하였다.

08 .... 정답 ①

블렌디드 러닝(blended learning)이란 학습효과를 극대화하기 위해 칵테일처럼 온라인과 오프라인 교육, 그리고 다양한 학습방법을 혼합하는 데서 착안됐다. 대표적인 기법으로 '플립드 러닝(Flipped Learning ; 거꾸로 학습)'이 있다. 답지 ②에서 메타버스(metaverse)란 현실세계를 의미하는 Universe와 가공, 추상을 의미하는 Meta의 합성어로 가상세계를 말한다. 이는 물리적인 제한 없이 인간과 인간이 교류가 가능한 환경을 말한다. 따라서 메타버스를 활용한 학습에서 시공간을 초월하여 생생한 경험을 통해 학습에 몰입할 수 있다. 답지 ③에서 대화형 인공지능(Chat Generative Pre-trained Transformer)는 사용자와 주고받는 대화에서 인공지능에 따라서 질문에 답하도록 설계된 언어모델이다.

09 .... 정답 ①

직소(Jigsaw) 모형은 1978년 미국의 텍사스(Texas)대학에서 아론슨(Elliot Aronson)과 그의 동료들에 의해서 개발된 협동학습 모형이다. 학생들을 다섯 혹은 여섯 개의 이질집단으로 나누고 학습할 단원을 집단구성원의 수에 맞도록 쪼개서 각 구성원에게 한 부분씩을 할당한다. 한 학급은 여러 Jigsaw집단으로 나누어지므로 각 집단에서 같은 부분을 담당한 학생들이 따로 모여 전문가 집단을 형성하여 분담된 내용을 토의하고 학습한다. 그런 다음 제각기 소속한 집단으로 돌아와서 학습한 내용을 집단구성원들에게 가르친다. 단원학습이 끝난 후 학생들은 시험을 보고 개인의 성적대로 점수를 받는다.

10 ········· 정답 ②

(다)는 장기 기억이다. 장기기억이란 무한한 정보를 영구적으로 저장할 수 있는 곳이다. 구성은 의미기억, 절차기억, 일상기억 등으로 되어 있다. 장기기억에 존재하는 정보는 네트워크 구조로 형성되므로 학습자에게 개별적 사실만 제공해서는 안 되며, 사실들의 관계성에 대해서 설명을 해 주어야 한다. 답지 ①은 메타인지, 답지 ③은 부호화, 답지 ④는 작동기억에 해당한다.

11 ········· 정답 ②

개인적 보상지향(욕구충족지향)단계의 아동은 자신의 욕구를 만족 시키고 이익과 보상을 얻을 수 있는 일이 정당하고 여긴다. 상호호혜적인 일면도 있으나 자기중심적이고 조작적이며 시장원리에 의거한 것이다. 즉 '네가 내 등을 긁어주니 나도 네 등을 긁어주겠다'라는 입장에서 도덕적 판단을 한다.

12 ········· 정답 ②

답지 ①에서 합리적 정서적 행동치료(REBT)에서는 정서적 문제를 유발하는 원인이 사건 자체가 문제가 아니라 사건에 대한 신념 때문이라고 본다. 답지 ③에서 '지금-여기'에 초점을 두고 접촉을 통한 자극으로 통합을 이루게 된다고 보는 상담은 형태주의(게슈탈트)상담이론이며, 답지 ④에서 죽음과 비존재, 실존적 불안, 삶의 의미를 강조하는 상담은 실존주의 상담이론이다.

13 ········· 정답 ②

번스타인(B. Bernstein)은 언어모형이란 사고와 인식 유형을 결정하는 언어의 구조, 언어의 계획을 의미한다. 학교에서 지식 전달을 하는데 주로 사용하는 언어모형은 정교한 어법을 선호하기 때문에 이런 언어모형을 어렸을 때부터 자연히 습득한 중산층 아동은 유리한 입장에 놓이게 되며 아울러 학업성취 면에서 그렇지 못한 아동보다 높을 수 밖에 없다는 것이다. 따라서 선택적으로 정해진 어법은 아동을 차별적으로 사회화하는 도구이며, 학교에서 선택된 어법이 계층간의 이해관계를 은연중에 내포하고 있다는 것이다.

14 ········· 정답 ②

야학은 1920년대 일제식민지하에 민중의 의식을 계몽시켜 국권회복을 위한 실력을 양성할 목적으로 설립된 비정규적인 교육기관이었다. 그리고 1990년 독학학위취득제도에 관한 법률이 제공·공포되었다. 고등학교를 마친 후 경제적 시간적 제약 때문에 대학에 진학하지 못한 사람들에게 학점 은행제를 통해 학점을 취득하고, 평생교육진흥원이 주관하는 4단계 시험에 통과하면 학위를 취득할 수 있는 제도이다.
또한 평생교육은 1980년 제5공화국 헌법 29조(현행31조)에 최초로 명문화 되었다. 한편 1982년에 제정된 사회교육법이 1999년 평생교육법으로 개정되었다.

15 ········· 정답 ①

교육을 받는 것은 단순히 학교에 다니는 데에 목적이 있지 않고, 배워야 할 것을 배우는 데에 목적이 있으므로 교육 결과가 같아야 한다는 관점이 등장하였는데 이를 결과평등이라고 한다. 결과의 평등을 이루려면 우수한 학생보다 열등한 학생에게 더 좋은 교육조건을 제공하는 일종의 역차별 교육을 해야한다. 이는 교육의 기회는 능력에 맞게 주어져야 한다는 능력주의와 충돌할 가능성이 있다. 답지 ②, ③은 능력주의에 입각한 기회평등이고, 답지 ④는 교육조건의 평등이다.

16 ········· 정답 ④

답지 ④에서 문화적 지도성이란 인간의 의미추구 욕구를 만족시킴으로써 그 구성원을 조직의 주인으로 만들고, 조직의 제도적 통합을 가능하게 하는 효과적 지도성이다. 특히 서지오반니(T. Swrgiovanni)는 지도성의 유형을 기술적 지도성, 인간적 지도성, 교육적 지도성, 상징적 지도성, **문화적 지도성**으로 나누고 문화적 지도성을 학교가 추구하는 영속적인 가치와 신념 및 문화의 맥을 규정하고 표현하는 성직자와 같은 지도자라고 하였다. 답지 ①은 도덕적 지도성, 답지 ②는 교환적 지도성, 답지 ③은 초우량적 지도성(슈퍼리더쉽)에 해당한다.

17 ········· 정답 ④

학습 조직(learning organization)이란 일상적으로 학습을 계속 진행해나가며 스스로 발전하여, 환경 변화에 빠르게 적응할 수 있는 조직이다. 학습조직의 구축 요소로 개인적 숙련, 정신모형, 공유된 비전, 시스템적 사고, 팀학습 등이 있다.

개인적인 숙련	○지속적 자기계발
정신모형	○사고의 틀을 새롭게 훈련
공유된 비전	○구성원의 공감대 형성
시스템적 사고	○상호연계성의 원리 이해
팀학습	○개인의 학습수준향상

18 ········· 정답 ②

현행 「초중등 교육법 시행령」제 45조에 규정되어 있는 수업일수는 다음과 같다.

> 1. 초등학교 · 중학교 · 고등학교 · 고등기술학교 및 특수학교는 매 학년 190일 이상
> 2. 공민학교 및 고등공민학교는 매 학년 170일 이상

19 ········· 정답 ③

목표관리 기법은 1954년 드로커(P. Drucker)가 제안한 것으로 목표관리(Management by Objectives)란 구성원의 참여를 통해서 활동목표를 명료화하고 체계화하여 관리의 효율성을 높이는 관리기법이다. 답지 ㄷ에서 목표관리기법은 교육적 성과의 계량적인 측정에 치우쳐서 교육을 오도한 위험성도 있으며, 성과달성에 치우친 결과 교육과정 그 자체를 소홀히 할 가능성이 있다.

20 ········· 정답 ④

학교발전 기금은 학교운영위원회를 중심으로 조성된 기금으로서 '학교교육시설의 보수 및 확충', '교육용 기자재 및 도서의 구입', '학생복지 및 학생자치활동', '학교체육활동 기타 학예활동의 지원'의 지원 등에 사용이 된다(초·중등교육법 시행령 제64조).

동형모의고사 해설편 16

01 ·· 정답 ②

원점제도는 유생의 출결성적을 점수로 평정하는 것이다. 조석으로 식당에 들어갈 때 도기(到記 ; 출석부)에 점을 찍게 했다. 원점은 30점에 준하며, 매년 300점을 원칙으로 하였다. 300점을 초과하면 다시 계산하지 않았고 관시(館試)에 응시할 수 있게 하였다. 답지 ①에서 명륜당은 교육하는 곳이며, 성현의 제사는 문묘에서 행하였다. 답지 ③에서 교육방법은 강의, 토론, 문답(講)의 방법을 사용하였으며, 시험방법은 제술(製述)과 강경(講經)이 활용되었다. 답지 ④에서 성균관 정원이 소과급제자로는 부족한 경우 4학의 유생을 승보시를 통해 입학시켰다.

02 ·· 정답 ②

포스트모더니즘(Post-modernism)은 반합리주의를 추구한다. 따라서 이성적이고 주체적 자아인을 거부한다. 교육방법면에서 해석적 읽기 중심에서 해체적 쓰기를 강조한다.

03 ·· 정답 ②

소크라테스(Socrates, 469-399 B.C)의 '대화법'은 교육의 과정에서 지식을 전달하거나 주입하는 것이 아니라, 끊임없이 질문하여 학생 스스로 진리에 도달하도록 안내하는 것이다.

04 ·· 정답 ③

원산학사는 일본에 대항하여 민족의 권익을 수호하고, 일본 상인들에 대한 대응책 마련을 위해서 원산서당을 개량하여 관민이 협력하여 설립되었다.

05 ·· 정답 ①

콜린스(R. Collins)의 지위경쟁이론을 요약하면 학교는 지배문화를 전수하는 곳이며, 하류계층의 학생들도 지배문화를 갖기 위해 학교교육을 중시할 수밖에 없고(기업주들의 선호 때문에), 그 결과 학교교육은 날로 팽창될 수 밖에 없다는 설명이다.

06 ·· 정답 ④

신교육사회학은 그 동안 소홀히 다루었던 학교 내부 현상, 특히 교육과정에 대해 관심을 두게 되었고 연구방법론상 양적 연구에서 질적 연구로 전환하였다. 학교지식의 성질, 학교의 조직, 교사의 이데올로기 등 교육에서의 여러 문제를 상대적인 것으로 보고 모든 전제에 의문을 제기하였다. 답지 ④는 기능주의 관점의 교육과정이론이다.

07 ·· 정답 ④

랑그랑(P. Lengrand)은 평생교육을 "개인의 출생에서 무덤에 이르는 생애에 걸친 교육과 사회전체 교육의 통합이다."라고 하였으며 그 방향을 다음과 같이 제시하였다.

- 요람에서 무덤에 이르기까지 전생애를 통해 교육기회를 보장해야 한다.
- 전생애에 걸친 인간발달을 통합한다는 관점에서 다양한 교육의 조화와 통합을 추진한다.
- 평생교육의 실현을 위해 노동일수의 조정, 교육휴가, 문화 휴가 등의 조치를 취한다.
- 초·중·고·대학이 지역사회학교 및 지역문화센터로서의 역할을 권장한다.
- 교육 본질적 모습에 충실한 교육을 지향한다.

08 ·· 정답 ②

그람시(A. Gramsci)는 국가론(The State Theory)에서 국가와 자본주의는 밀접히 관련되어 있으며, 통치기구일 뿐 아니라 헤게모니의 사적(私的)기구가 되고 강제력에 의한 지배의 역할과 헤게모니를 행사하는 복합체라고 이해된다. 또한 학교도 계급관계를 유지하는데 기여한다고 볼 수 있다. 이와 같은 그람시(A. Gramsci)의 주장에서 대해 애플(M. Apple)은 지배집단의 의미와 가치의 체계가 바로 헤게모니(hegemony)이며, 학교의 교육과정에는 이러한 헤게모니가 깊숙이 잠재되어있으므로 학교는 문화적·이념적 헤게모니의 매개자로서 보이지 않는 가운데 사회통제를 한다는 이론이다. 즉 한 사회의 헤게모니가 그 사회체제를 유지하는 데 중요한 기능을 수행하며 특히 학교교육에서 그 기능이 두드러진다고 하였다.

09 ·· 정답 ③

자기중심성(egocentrism)의 사고는 모든 사물을 자신의 입장에서만 보기 때문에 다른 사람의 관점을 이해하지 못하는 것을 말한다.

10 ·· 정답 ④

답지 ④는 피아제(J. Piaget)이론이다. 사적언어(혼자말)는 기능은 자기-안내와 자기-지시의 목적을 위해 자신과 의사소통하는 것이다.

11 ·· 정답 ②

문제의 제시문은 반두라(A. Bandura)의 자기효능감(self-efficacy)이론이다. 자기효능감이란 특정 상황을 관리하는데 필요한 행동을 학습하거나 수행할 수 있다는 자신의 능력에 대한 지각된 신념을 말한다. 자기효능감은 자아개념과 혼동되는 부분이 있는데 자아효능감이 특정능력에 대한 자신의 지각된 신념인 반면에 자아개념은 경험을 통해 형성되며 중요한 타인들에 의한 강화와 평가에 크게 의존하는 경향이 있다.

12 ········· 정답 ③

낙인이론(labelling theory)은 1960년 미국에서 레머트(E. Lemert), 베커(H. Becker), 키추스(J. Kitsuse), 메차(D. Metza) 등을 중심으로 일탈행동을 다룬 이론이다. 이는 어떠한 행위가 범죄인가 아닌가는 그 행위의 내재적 속성에 따라 정의되는 것이 아니라 "사람들이 범죄자라는 낙인을 찍은 행위"하고 규정하였다. 따라서 비행자란 그러한 낙인이 성공적으로 적용된 자이며 그 집단에서 국외자(outsider)된다는 것이다. 이 이론은 상징적 상호작용이론 가운데 '거울 자아이론'에 근거한 것으로 1차 비행을 저지르는 사람이 왜 또 다시 비행을 저지르는가를 설명하는데 유용한 이론이다.

13 ········· 정답 ②

답지 ②에서 검사의 객관도는 채점자 신뢰도이므로 타당도의 한 종류가 아니라 신뢰도의 한 종류이다.

14 ········· 정답 ③

답지 ①에서 국어와 수학의 표준편차가 같으므로 국어와 수학은 성적이 고른 정도는 같다. 답지 ②에서 국어의 표준점수는 -1점이고 수학의 표준점수는 1점이므로 수학이 국어에 비해 성적이 앞선다. 답지③에서 국어의 표준점수가 -1이므로 영희보다 국어를 못하는 학생은 16%정도이다. 답지 ④에서 수학은 표준점수가 1점이므로 영희보다 수학을 잘하는 학생은 약16%정도이다.

15 ········· 정답 ①

문제에서 제시된 것은 가네(R. Gagne)의 지적 기능의 위계에 따라서 학습내용은 조직하였다면 계열성과 계속성의 원리를 모두 포함할 수 있다. 계속성은 주요한 교육과정 요소를 시간을 두고 연습하고 개발할 수 있도록 여러 차례에 걸쳐 반복적으로 기회를 주는 것이며, 계열성은 계속성과 관련되지만 그 이상의 것으로 같은 수준이 아니라 이해, 기능, 태도, 흥미 등이 조금씩 다른 수준으로 단계적으로 깊어지고, 넓어지고, 높아지도록 조직하는 것이다.

16 ········· 정답 ②

단상토의(Symposium)는 상당한 부분이 배심토의와 흡사한 점이 있지만 배심토의보다는 좀 더 형식적이다. 서로 다른 의견이나 견해를 가진 대표자 4-5명이 각기 다른 입장에서 10-15분 정도 강연을 하고 그 후에 일반 참가자가 질문을 하거나 의견을 진술하여 종합적으로 의견을 집약하는 방법이다. 단상토의는 주제에 관한 전문적인 견해, 사고방식을 능률적으로 제시하고 이해를 돈독히 하는데 아주 적합한 집단 토의방법이다.

17 ········· 정답 ②

답지 ②에서 「학교폭력예방 및 대책에 관한 법률」제13조의2(학교의 장의 자체해결)에 "피해학생 및 그 보호자가 심의위원회의 개최를 원하지 아니하는 경미한 학교폭력의 경우 학교의 장은 학교폭력사건을 자체적으로 해결할 수 있다."고 규정하고 있다. 답지 ①에서 「학교폭력예방 및 대책에 관한 법률」제2조(정의)에 "학교폭력"이란 학교 내외에서 학생을 대상으로 발생한 상해, 폭행, 감금, 협박, 약취·유인, 명예훼손·모욕, 공갈, 강요·강제적인 심부름 및 성폭력, 따돌림, 사이버 따돌림, 정보통신망을 이용한 음란·폭력 정보 등에 의하여 신체·정신 또는 재산상의 피해를 수반하는 행위를 말한다."고 규정하고 있다. 답지 ③에서 「학교폭력예방 및 대책에 관한 법률」제15조(학교폭력 예방교육 등)에 "학교의 장은 학교폭력의 예방 및 대책 등을 위한 교직원 및 학부모에 대한 교육을 학기별로 1회 이상 실시하여야 한다."고 규정하고 있다. 답지 ④에서 「학교폭력예방 및 대책에 관한 법률」 제16조(피해학생의 보호)에 "1. 학내외 전문가에 의한 심리상담 및 조언, 2. 일시보호, 3. 치료 및 치료를 위한 요양, 4. 학급교체, 5. 삭제, 6. 그 밖에 피해학생의 보호를 위하여 필요한 조치"로 규정하고 있다.

18 ········· 정답 ②

요청장학은 일선 학교나 교사가 자율장학의 과정에서 학교 교사들의 능력만으로 해결할 수 없는 문제가 발생했을 경우 교사들이 장학의 필요성을 느껴 장학자를 초청함으로써 이루어지는 장학으로 장학의 내용이나 방법면의 분류가 아니고 장학이 이루어지는 원인과 형식에 의해 분류되는 장학이다.

19 ········· 정답 ④

간접교육비란 교육을 받음으로써 잃게 되는 포기된 소득, 비영리기관에 부여하는 면세의 가치, 건물과 장비의 감가상각비와 이자 등이 포함된다. 간접교육비 중 가장 큰 부분이 학생시간의 기회경비이다. 그리고 유아의 어머니가 일하는 대신에 유아를 교육시키기 위해 가정에 남아 있을 때의 포기된 소득도 기회경비에 포함될 수 있다.

20 ········· 정답 ①

답지 ①은 「교육기본법」 제14조(교원) 2항에 나오는 내용이다. 답지 ②는 성실의 의무, 답지 ③은 청렴의 의무, 답지 ④는 품위유지의 의무 이다. 「국가공무원법」에 규정된 교육공무원의 의무는 다음과 같다.

교육공무원의 의무(국가공무원법제 55~66조)
• 선서의 의무 : 취임시 소속기관장에게 선서해야 한다.
• 성실의 의무 : 담당직무를 수행함에 있어서 법령을 준수하고 성실히 직무를 수행해야 한다.
• 복종의 의무 : 담당직무를 수행함에 있어서 소속 기관장의 직무상의 명령에 복종해야 한다.
• 친절공정의 의무 : 국민 전체의 봉사자로서 친절하고 공정하게 업무를 처리해야한다.
• 비밀엄수의 의무 : 재직 중은 물론 퇴직 후에도 직무상 취득한 비밀은 엄수하여야 한다.
• 청렴의 의무 : 직무와 관련하여 사례, 증여, 향응수수를 해서는 안 된다.
• 품위유지의 의무 : 직무 내외를 불문하고 체면, 위신을 손상하는 행위를 해서는 안 된다.
• 직장 이탈 금지 : 공무원은 소속 상관의 허가 또는 정당한 사유가 없으면 직장을 이탈하지 못한다.
• 종교중립의 의무 : 공무원은 종교에 따른 차별 없이 직무를 수행하여야 한다.
• 외국 정부의 영예 등을 받을 경우 : 공무원이 외국 정부로부터 영예나 증여를 받을 경우에는 대통령의 허가를 받아야 한다.
• 영리 업무 및 겸직 금지 : 공무원은 공무 외에 영리를 목적으로 하는 업무에 종사하지 못하며 소속 기관장의 허가 없이 다른 직무를 겸할 수 없다.
• 정치운동의 금지 : 공무원은 정당이나 그 밖의 정치단체의 결성에 관여하거나 이에 가입할 수 없다.
• 집단 행위의 금지 : 공무원은 노동운동이나 그 밖에 공무 외의 일을 위한 집단 행위를 하여서는 아니 된다. 다만, 사실상 노무에 종사하는 공무원은 예외로 한다.

유길준 교육학 동형모의고사

저　　자	유길준
발 행 인	금병희
발 행 처	멘토링
펴 낸 날	2024년 2월 27일 초판 발행
주　　소	서울특별시 동작구 노량진로 16길 30
출 판 등 록	319-26-60호
주문및배본처	02-825-0606
F A X	02-6499-3195
I S B N	979-11-6049-302-3　13370
정　　가	**11,000원**

저자와의
협의하에
인지생략

저자와의 협의하에 인지를 생략합니다.
이 책의 무단 전재 또는 복제 행위는 저작권법 제136조 제1항에 의해 5년 이하의 징역 또는 5,000만원 이하의 벌금에 처하거나 이를 병과할 수 있습니다(파본은 교환해 드립니다.).